Achtsamkeit und Entspannung in der Schule

Hinweise

MONA BEKTEŠI | SANDRA WALKENHORST

Achtsamkeit und Entspannung *in der Schule*

PRAKTISCHE ÜBUNGEN FÜR DEN UNTERRICHT – DAS 4-WOCHEN-PROGRAMM FÜR ALLE SCHULSTUFEN

ATEMÜBUNGEN

ASANAS

ACHTSAMKEITS-ÜBUNGEN

MEYER & MEYER VERLAG

Achtsamkeit und Entspannung in der Schule

Bibliografische Information der Deutschen Nationalbibliothek

Die Deutsche Nationalbibliothek verzeichnet diese Publikation in der Deutschen Nationalbibliografie; detaillierte bibliografische Details sind im Internet über <http://dnb.d-nb.de> abrufbar.

Auckland, Beirut, Dubai, Hägendorf, Hongkong, Indianapolis, Kairo, Kapstadt, Manila, Maidenhead, Neu-Delhi, Singapur, Sydney, Teheran, Wien

Member of the World Sport Publishers' Association (WSPA)

Gesamtherstellung: Print Consult GmbH, München

MIX
Papier | Fördert gute Waldnutzung
FSC® C084279

978-3-8403-7862-1

E-Mail: verlag@m-m-sports.com

www.dersportverlag.de

INHALT

Vorwort von Susanne Krämer

In Verbindung sein – durch körperliche Resonanz zur Weltbeziehung

Wenn wir an Kinder denken, haben wir oft die Bilder rennender und lachender Kinder vor Augen, sprudelnde Ausgelassenheit mit nimmermüder Energie gepaart. Voller Lust am Entdecken, Neues kreieren.

◊ Aber erleben wir das in unserer Gesellschaft?

Unsere Welt ist geprägt von einer permanenten Beschleunigung, schneller, höher, weiter. Die Zwänge der Leistungsgesellschaft drücken sich früh in den Schulen aus. Aus den Rennenden werden Sitzende. Bereits im Grundschulalter sitzen Kinder mehr als vier Stunden am Tag in der Schule, ältere Schüler bringen es auf sechs Stunden, ergänzt durch zu leistende Hausaufgaben, Prüfungslernen und das Sitzen vor digitalen Endgeräten werden daraus oft 8-10 Stunden.

Eine Belastung, für die unsere Körper nicht geschaffen sind, vor allem im Wachstumsalter. Dies führt zu Haltungs- und Rückenbeschwerden. Mentale Stresssymptome, wie Kopfschmerzen, Schlafprobleme, werden verstärkt.

Bewegung findet in kurzen Pausen und im Sportunterricht statt, allerdings hier auch unter dem Diktat der Leistung: Zeiten werden gestoppt, die Schlagzahlen beim Springseilspringen gezählt und wer noch in einem Jahr ein guter Läufer war, muss im nächsten seine Leistung steigern, sonst sinkt die Punktzahl rapide. Der Körper wird zum Leistungserbringer oder bei „Versagen" zum Quell von Frustration und Scham.

Werbung und Medienwelt ergänzen diese externe Körperbeurteilung, indem sie uns die optimalen Maße und Schönheitsvorstellungen vorgeben. Max Althammer, Gymnasiallehrer in Ravensburg, beschreibt eine Situation, in der diese externalisierte Wahrnehmung sehr deutlich wird: „Ich habe die Schüler gebeten, stellt euch folgende Situation vor: ‚Ihr steht am Elfmeterpunkt und müsst den Elfmeter verwandeln. Wie fühlt ihr euch?' Die Antwort eines Mädchens: ‚Ich weiß, dass ich gesehen werde und ich möchte dabei nicht vor den anderen versagen.' Sie artikulierte nicht ihre eigene Aufregung, nahm also nicht die Innenperspektive ein, sondern empfand nur Angst vor dem Blick der anderen."

Um die Beziehung zu sich selbst und zum eigenen Körper zu stärken, haben Mona Bekteši und Sandra Walkenhorst in diesem Buch ein Programm entworfen, das ermutigt, von der äußeren Beurteilung wegzugehen und zum inneren Wahrnehmen einlädt. Angepasst an bildhafte, spielerische Welten, macht es Lust auf ein (Wieder-)Kennenlernen des eigenen Körpers. Und darüber hinaus, die Möglichkeiten des Körpers zu erkunden, zu erweitern und uns in ihm wohlzufühlen.

Insbesondere in Verbindung mit den vorgestellten Atem- und Achtsamkeitsübungen wird eine Basis für Resilienz und Rekreation gelegt. Denn die Wirkungen des Niederlassens im Körper gehen weit über die Zeit hinaus, die wir den Übungen widmen.

Wenn wir Yoga nicht als weiteres Mittel zur Selbstoptimierung sehen, das uns hilft, den übermäßigen Stress auszugleichen, sondern die Fähigkeit zur Selbst- und Körperwahrnehmung in unseren Alltag mitzunehmen, dann eröffnen sich ganz neue Wahrnehmungsräume.

Der Körper ist die Bühne für unsere Emotionen. Sie drücken sich alle körperlich aus, was unsere Sprache auch sehr gelungen benennt: Schmetterlinge im Bauch, Kloß im Hals, Druck auf der Brust, ein pochendes Herz haben ... so beschreiben wir gerne unsere emotionalen Reaktionen auf einer rein körperlichen Ebene.

Betrachten wir unseren Körper rein von außen, geht der Zugang zu ihm verloren und damit auch jede Form der Emotionsregulation. Die Wahrnehmung der Gefühle – der körperlichen Resonanzen auf Emotionen – gibt uns die Möglichkeit, diese anzuschauen. In Achtsamkeitsübungen üben wir, sie nicht zu verdrängen, sondern sie anzunehmen. Uns um sie zu kümmern. Zu lauschen, welche Botschaften sie für uns haben. Und dann bewusst zu entscheiden, wie wir agieren wollen.

Wir sind kein reaktiver Spielball äußerer Reize mehr, sondern können selbstwirksam unsere Handlungen bestimmen.

Unsere Emotionen drücken sich im Körper aus, wir und auch unsere Umwelt können sie dort lesen. Und diese Beziehung ist reziprok, auch der Körper beeinflusst unsere mentalen Zustände. Er prägt sie mit, nimmt Einfluss, welches „innere Stück" gespielt wird, um im Bild der Bühne zu bleiben.

Wenn wir körperlich angespannt sind, verändert dies unsere Wahrnehmung. Wir denken rationaler, stringenter. Emotionales „Mitschwingen", Empathie und Mitfreude sind uns nicht möglich. Dieses Prinzip des Embodiments, der Wechselbeziehung zwischen Körper und Psyche, können wir uns bewusst machen und damit umgehen.

Merke ich, dass sich Belastungen in körperlichen Beschwerden manifestieren, kann ich mit Yogaübungen, wie sie von Mona Bekteši und Sandra Walkenhorst in einer großen Schlichtheit nähergebracht werden, Verspannungen und Blockaden lösen. Die einfachen Beschreibungen und Handreichungen machen es leicht, sie in den Schulalltag zu integrieren. Kein neues Feld von Anstrengung aufzubauen, sondern in einer Leichtigkeit und Einfachheit den Kontakt zum Körper zu erneuern.

Indem wir immer wieder den Körper weiten, für die Welt öffnen, kann unser Leben eine andere Fülle und Tiefe bekommen.

Und diese (Welt-)Beziehung, die über das Spüren der eigenen Lebendigkeit entsteht, schließt noch eine weitere Dimension mit ein.

Verbunden mit unserem Körper, nehmen wir wahr, dass wir ein untrennbarer Teil der Natur sind. Ein Bestandteil des Netzwerks von Leben. Wir können uns mit so viel Künstlichkeit umgeben, wie wir wollen, wir als Menschen bleiben immer biologische Wesen und sind durch jede Zelle mit dem Zustand unserer Umwelt verbunden.

Insbesondere der Atem, der in den Übungen des Buchs eine große Rolle spielt, ist für viele Schüler eine leicht nachvollziehbare Verbindung zur Umwelt. Jeder Atemzug, den wir nehmen, ist uns von der pflanzlichen Umwelt zur Verfügung gestellt. Durch den Prozess der Photosynthese wird das von uns abgegebenen CO_2 wieder in Sauerstoff umgewandelt. Das durch diesen Prozess stattfindende pflanzliche Wachstum ist die Grundlage für alle Nahrungsketten.

In einer Welt, die stark von der Vereinzelung und vom Wettbewerb geprägt ist, braucht es die Rückbesinnung auf die wechselseitigen Beziehungen, die Interdependenz zwischen allem Leben. Wie die beiden Autorinnen schreiben, ist die Bedeutung des Sanskritwortes Yoga „Verbindung".

Sich der eigenen Körperlichkeit bewusst zu werden und dies nicht aus einer externen Betrachtung und Beurteilung, sondern aus dem inneren Erspüren heraus, gibt uns die Möglichkeit, wieder in die Beziehung zu uns selbst zu treten und darüber hinaus die Beziehung zur Mit- und Umwelt wiederzuentdecken.

Möge dieses Buch viele Menschen erreichen, die in diesem Sinne Verbindung zu sich selbst, zueinander und zur Umwelt erleben können.

Susanne Krämer

Susanne Krämer ist Projektleiterin des Projekts *Achtsamkeit in der Bildung* und *Hoch-/Schulkultur* am Zentrum für Lehrer:innenbildung und Schulforschung der Universität Leipzig, Autorin, Dozierende der Ausbildung zum Experten für achtsamkeitsbezogene Lehrerinnenbildung beim AVE-Institut und Koordinatorin des Forschungsnetzwerks Achtsamkeit in der Bildung.

Vorwort der Autorinnen

Yoga und Achtsamkeit: Eine bereichernde Ergänzung für die Schule!

Die wohltuenden Wirkungen der Yoga- sowie Achtsamkeitspraxis sind hinreichend bekannt, erforscht und belegt. Sie sind in der Gesellschaft angekommen und auch in der Arbeit mit Kindern und Jugendlichen sind Yoga-, Atem- und Achtsamkeitsübungen etabliert.

◊ Doch worin besteht nun die Sinnhaftigkeit ihrer Integration in unsere Schulen?

Yoga-, Atem- und Achtsamkeitsübungen zeigen einen jederzeit gangbaren Weg zu Gesundheit und Zufriedenheit auf. Dies schon früh zu erfahren, kann Biografien sehr positiv beeinflussen. Schauen wir uns kurz an, wie Yoga- und Achtsamkeitspraxis dazu verhelfen.

Neben Körperübungen und der Atemwahrnehmung ist die Introspektion ein wesentlicher Bestandteil des Yoga. Wir lernen, nach innen zu schauen und wahrzunehmen, wie es uns geht, was uns guttut und wie wir selbst dazu beitragen können, unsere Bedürfnisse zu erfüllen.

Die Schulung der Tiefenwahrnehmung und Tiefensensibilität gehört zu den wichtigen Aspekten beim Üben. Die Propriozeption ist die Grundlage unserer gesamten Wahrnehmung und ist wichtig für unser Gleichgewicht sowie unsere Reaktionsfähigkeit.

In diesem Zusammenhang schulen Yoga- und Achtsamkeitsübungen die sogenannten *exekutiven Funktionen*. Dieser Begriff aus den Neurowissenschaften beschreibt die Steuerung unserer Emotionen, aber auch unserer Gedanken und Handlungen. Der positive Einfluss der Übungen entspringt hier unter anderem der Bildung neuronaler Netzwerke durch neue Bewegungsmuster.

Daran schließt sich das wichtige Lernfeld der Selbstregulation und Selbstberuhigung an, in dem es um die Stärkung unseres parasympathischen Systems geht. Hier erwerben wir die Fähigkeit, Entspannung sowohl auf körperlicher wie auf psychischer Ebene zu unterscheiden und einzusetzen.

Ein weiteres, immer wichtigeres Lernfeld ist die sozioemotionale Kompetenz. Kinder und Jugendliche brauchen im komplexen sozialen Prozess Schule Unterstützung bei der Regulierung ihrer Emotionen. Wir Erwachsenen müssen hier die Verantwortung übernehmen, gute Vorbilder zu sein und Strategien aufzuzeigen, den Tag, das Leben, die Gemeinschaft positiv zu gestalten. Schule zeigt prototypisch, dass wir viele sind und nicht nur zusammenleben können, sondern gerade dadurch und aus einem starken Selbst heraus über uns hinauswachsen. Wir haben wichtige humanistische Werte zu verteidigen. Das geht umso besser, je besser es uns geht. Die jungen Menschen sollen erkennen dürfen, dass sie keine Einzelkämpfer sein müssen, um zufrieden und erfolgreich zu sein.

Wir wollten hier nur einen kurzen Abriss über Wirksamkeit und Einsetzbarkeit von Yoga und Achtsamkeit in der Schule geben. In unserem Programm zeigen wir, wie einfach sie in den Alltag und in die Schule zu integrieren ist und Achtsamkeit und Resilienz in jungen Menschen ausbildet und stärkt.

Wir haben uns 2020 als Autoren-Kolleginnen kennengelernt und schnell festgestellt, dass uns der gleiche Wunsch antreibt. Wir wollen im System Schule dem Leistungs- und Schnelligkeitsstreben die komplementären Gedanken der Gesundheit und Achtsamkeit zur Seite stellen. Wir sind von der Notwendigkeit dieser Kompetenzen zur besseren Lebensführung und zum Auffinden des eigenen Weges der Kinder und Jugendlichen überzeugt.

Sandra Walkenhorst kommt aus dem Bereich Grund- und Förderschule, Mona Bekteši aus der weiterführenden Schule und Lehrerausbildung. Das ergänzt sich perfekt zu einer Berücksichtigung aller Altersstufen und Schulformen bei der Aufstellung unseres Programms für unser gemeinsames Buch, das Sie nun in Händen halten.

Vieles, was Sie in diesem Buch im theoretischen Teil finden, stammt aus unseren eigenen Aus- und Weiterbildungen. Wir haben versucht, zu allem Quellen zu benennen, doch gibt es manches, was überliefert und aus unserem eigenen Lernen stammt. So haben wir nach bestem Wissen und Gewissen recherchiert.

Es transportiert unseren großen Wunsch, Schule reicher und lebbarer zu machen, sie von der Basis her gedeihlich zu verändern. Veränderung beginnt bekanntlich mit dem ersten Schritt.

Wir bedanken uns dafür, dass Sie Interesse haben, diesen Weg mit uns zu gehen.

Ihre
Sandra Walkenhorst und Mona Bekteši

Frühjahr 2023

1

Yoga-Asanas, Atmung und Achtsamkeit in der Schule

Die heutige schulische Anforderungsvielfalt an Kinder und Jugendliche mahnt zu einer Orientierung auf gesundheitserhaltende Mechanismen und Maßnahmen in Bezug auf Entspannung im Kontext Schule. In der Schule verbringen Kinder und Jugendliche fast 40 Wochenstunden. Damit nimmt die Schulzeit auch einen Großteil der Lebenszeit von Kindern und Jugendlichen ein. Je älter die Schüler sind, desto mehr Zeit verbringen sie in der Schule.

Im Schulalltag begegnen Kinder und Jugendliche vielen Herausforderungen, die sie körperlich, emotional und seelisch fordern. Leistungsdruck, Versagensängste und Verunsicherungen seien hier stellvertretend genannt. Hinzu kommt, dass Kinder und Jugendliche in einer krisengeschüttelten globalisierten Welt aufwachsen: Pandemien, Kriege, Energiekrisen, soziale Erosionen und nicht zuletzt die Klimakrise führen zu Unsicherheit in Hinblick auf die Gestaltung des eigenen Lebensentwurfs und der Zukunft.

Es gilt, die psychische und physische Gesundheit junger Menschen zu fördern. Kinder und Jugendliche benötigen in der gegenwärtigen Situation mehr denn je Bewältigungsstrategien, um ihr Potenzial auszuschöpfen und in einer sich im Wandel befindenden Welt handlungsfähig zu werden und zu bleiben.

Schule hat seit alters her den Auftrag, die Entwicklung der Kinder und Jugendlichen zu fördern. Oftmals wird dabei, vom Sportunterricht und musischen Fächern abgesehen, die kognitive Vermittlung in den Mittelpunkt gestellt. Anspannungen und Stress erleben wir jedoch auch körperlich. Darum ist es förderlich, auch den Körper in den Blick zu nehmen.

Um diesem Anspruch gerecht zu werden, sollte, neben der Vermittlung kognitiven Wissens, dringend auch die physische und psychische Gesundheit Berücksichtigung finden. Die Kinder und Jugendlichen sind schließlich unsere Schutzbefohlenen und benötigen Unterstützung.

Die Kultusministerkonferenz formuliert die Aufgabe von Schule in dieser Hinsicht wie folgt: „Gesundheitsförderung und Prävention werden als grundlegende Aufgaben schulischer Aufgaben (. . . .) wahrgenommen, eröffnen Schülerinnen und Schülern (. . . .) die Möglichkeit, Kompetenzen zu gesunden Lebensweisen (. . . .) zu erwerben". Ferner heißt es, dass schulische Gesundheitsförderung und Prävention, „die Gesundheitsressourcen und -potenziale der Schülerinnen und Schüler sowie der Lehrkräfte und des sonstigen schulischen Personals stärken"[1] soll.

Mens sana in corpore sano. Der römische Dichter Juvenal wusste es schon. Es lebt und denkt sich besser in einem gesunden Körper. Schüler mit einer guten gesundheitlichen Konstitution haben mehr Erfolg in der Schule. Dieser Zusammenhang wurde in mehreren Studien nachgewiesen.[2]

1 Aus: Empfehlung zur Gesundheitsförderung und Prävention in der Schule (Beschluss der Kultusministerkonferenz vom 15.11.2012).

2 Dadaczynski, K. & Schiemann, S. (2015). Welchen Einfluss haben körperliche Aktivität und Fitness auf Bildungsoutcomes? Eine systematische Übersicht von Längsschnittstudien. *Sportwissenschaft, 45*, 190-199

Da der Gesundheitszustand von Kindern und Jugendlichen auch abhängig vom Sozialstatus des Elternhauses[3] ist, ist es wichtig, den Themenkomplex Gesundheit in die Schule zu integrieren. Der *Nationale Aktionsplan Gesundheitskompetenz* fordert, „das Erziehungs- und Bildungssystem in die Lage (zu) versetzen, die Förderung von Gesundheitskompetenz so früh wie möglich im Lebenslauf zu beginnen".[4]

Höchste Zeit also, Kinder und Jugendliche in ihrer Entwicklung zu gesunden und mündigen Individuen ernsthaft zu begleiten, Körper, Geist und Seele der jungen Menschen mit in den Blick zu nehmen und ihnen zu helfen, die eigene Befindlichkeit, ihre Gedanken und Emotionen zu verstehen und zu steuern.

Yoga-, Atem- und Achtsamkeitsübungen können einen wichtigen und unkomplizierten Beitrag zur Gesunderhaltung und Bewusstwerdung der eigenen Emotionalität und Bedürfnisse leisten. Ohne viel Aufwand und Zeit können sie im Sitzen oder Stehen in jedem Klassenzimmer durchgeführt werden. Mithilfe der Übungen kann ein verantwortungsvoller Umgang mit dem eigenen Körper und der eigenen Gesundheit erlernt werden.

Mit ein wenig Übung finden die Kinder und Jugendlichen einen produktiven Umgang mit psychischen und somatischen Beanspruchungen und erlernen Strategien, um diese abzubauen oder zu lindern. Dann sind auch Überforderungssymptome wie Unruhe, Trostlosigkeit, Angst und Rückzug durch Besinnung auf übergeordnete Werte überwindbar.

Schüler haben teil an ihrer eigenen physischen und psychischen Gesundheit und wirken mit an der Konstruktion eines vernünftigen Umgangs mit eigenen und fremden Ressourcen innerhalb und außerhalb von Schule. Dies macht sie zu resilienten, sozial kompatiblen Individuen mit erweiterten Fähigkeiten, sich dem Schulalltag und seinen Herausforderungen kompetent zu stellen.

Die Yoga-, Atem- und Achtsamkeitsübungen ergänzen und bereichern sich dabei gegenseitig, haben sie doch alle Rekreation und Selbstwirksamkeitserfahrungen zum Ziel und verbinden Körper, Gedanken, Emotionen und Atem.

3 Vergleiche KiGGS-Studien: Studie zur Gesundheit von Kindern und Jugendlichen in Deutschland.

4 https://www.nap-gesundheitskompetenz.de

1.1 Asanas: Körperübungen aus dem Yoga

Setzen Sie sich bequem auf einen Stuhl und lehnen Sie sich zurück. Kreisen Sie die Schultern einige Male. Schieben Sie dann einatmend den Oberkörper in ein geführtes Hohlkreuz, runden Sie ausatmend den Rücken. Wiederholen Sie das mindestens fünfmal. Schließen Sie die Augen und nehmen Sie die Wirkung in Ihrem Körper wahr.

Yoga ist ein holistisches System, das *Asanas* (Körperübungen) und *Pranayama* (Atemübungen) mit einer philosophischen Lehre vereint. Die jahrtausendalte Philosophie und Praxis des Yoga kennt viele leicht umsetzbare Übungen, die Körper und Geist schulen, sowie Selbstwirksamkeitserfahrungen ermöglichen. Sie verweist überdies auf überzeitliche ethische Prinzipien der Lebenskunst, wie beispielsweise das Prinzip der Gewaltlosigkeit.

Der Begriff **Yoga** ist aus dem Sanskrit entlehnt und bedeutet „Verbindung". Wir verbinden in den Asanas Atem und Bewegung und dadurch Körper und Geist. Schlussendlich streben wir im Yoga eine Verbindung zu uns selbst an, die es uns ermöglicht, im „Hier und Jetzt" zu sein, das heißt, uns unseres Selbst aufmerksam gewahr zu werden.

Asanas tragen zur Prävention, Gesunderhaltung und Rehabilitation bei und wirken physisch und psychisch. Sie finden im Einklang mit dem Atem statt, sodass ein meditativer Rhythmus entsteht. Auf körperlicher und seelischer Ebene entsteht ein Ausgleich zu unserem Alltag und Asanas werden selbst in einer hektischen und krisengeschüttelten Welt zu Strategien im Umgang mit Stress und Überforderung.

Wir alle kennen das Gedankenkarussell, das uns um den Schlaf bringt und wie gerädert aufwachen lässt. Das Ziel der Yogapraxis besteht darin, in eine innere Verfasstheit der Gedankenruhe zu kommen, so der Yogagelehrte Patañjali: *Yoga Citta Vritti Nirodhaha*. So kann die Yogapraxis dazu beitragen, seelische Anspannungen zu mildern.

Neben einem klaren und ruhigen Geist zielen die yogischen Körperübungen auf einen gesunden und beweglichen Körper, der frei von Verspannungen und Anspannungen ist. Bei regelmäßiger Praxis können körperliche Verspannungen und muskuläre Dysbalancen ausgeglichen werden.

Die Haltungen folgen den Prinzipien der gleichzeitigen Stabilität und Leichtigkeit. Patañjali nennt dieses Prinzip *Sthira Sukham Asanam*. Wer dieses Prinzip in den Asanas beherrscht, kann diese Strategie auch im Alltag anwenden.

Die Asana des *Baums* bietet dafür ein anschauliches Beispiel: Man steht fest geerdet und stabil mit einem Bein auf dem Boden. So schult man Stabilität, Gleichgewicht und die Konzentration, sodass einen nichts und niemand aus dem Gleichgewicht bringen kann. Der Atem fließt währenddessen leicht und frei, während Schultern, Arme und Nacken leicht im Sinne von gelockert sind. Die Arme sind aktiv, aber nicht verkrampft.

Im übertragenen Sinne übt man, Wurzeln zu schlagen, sich also mit sich selbst und der Welt zu verbinden. Dabei bleibt man innerlich beweglich, um sich auf neue Situationen und Herausforderungen einzulassen.

Die Asanas ermöglichen uns einen neuen Blick auf unseren emotionalen Zustand. Yoga wird so zu einem inneren Lehrer. Mit seiner Hilfe erlangt man (neue) Kenntnisse über den eigenen Körper und Geist, die eigenen inneren und äußeren Zustände. Man lernt, mit verschiedenen Gefühlen und Bedürfnissen umzugehen und sich selbst sowie den eigenen Körper freundlich und zugewandt zu betrachten.

Über die Einheit von physischer und psychischer Gesundheit und Präsenz führt Yoga zu einer Form von Selbstermächtigung. Kinder und Jugendliche lernen, die eigenen Bedürfnisse bewusst wahrzunehmen. Sie erhalten die Möglichkeit, für sich zu erkennen, wie es ihnen geht, wo ihre Stärken und Interessen liegen. Diese bewusste Selbstwahrnehmung resultiert in einer stärkenden Selbstkonstruktion.

So verändert sich das Selbstbewusstsein zum Positiven. Schon dies ist Grund genug, Körperübungen aus dem Yoga den Schülern aller Alters- und Schulstufen nahezubringen

Bewegung ist im Schulalltag nicht nur für jüngere Kinder eine Wohltat; auch ältere Schüler sind dankbar für kleinere Bewegungseinheiten in einem vom Sitzen geprägten Schultag. Bereits bei Kindern und Jugendlichen treten häufig Verspannungen in Rücken, Nacken- und Schulterpartie auf.

Einfache Asanas können da Abhilfe leisten und Anspannungen und Verspannungen mildern, da die Wirbelsäule funktionsgerecht mobilisiert wird. So steigt die physische Beweglichkeit. Auch Ermüdungserscheinungen, Bauch- und Kopfschmerzen lassen sich mit spezifischen Asanas lindern.

Von Kindern und Jugendlichen ist immer häufiger zu hören, dass sie nicht schlafen können, sich in Ängsten und Sorgen verlieren sowie das Gedankenkarussell nicht stoppen können. Yoga nimmt Kinder und Jugendliche in ihren Emotionen ernst und an: Gefühle und Zustände wie Wut, Unausgeglichenheit, Trägheit, Traurigkeit und Müdigkeit werden akzeptiert und realisiert.

Es werden Wege aufgezeigt, diese Gefühle einerseits wahrzunehmen und zu akzeptieren und sie andererseits in Zustände und Gefühle der Zuversicht, Hoffnungsfreude, Gelassenheit, Freude und Konzentration zu transformieren. Wer Kindern und Jugendlichen Asanas vermittelt, gibt ihnen die Gelegenheit, die Selbstwahrnehmung zu erforschen und zu lernen, dem eigenen inneren Lehrer zu folgen.

In einem Körper, der frei von Anspannung ist und mit einem Geist, der sich konzentrieren und fokussieren kann, lassen sich einerseits Bedürfnisse leichter artikulieren und andererseits lässt sich das eigene intellektuelle und emotionale Potenzial entfalten.

Wer durch die Asanas ein freundschaftliches Verhältnis zum eigenen Körper gewinnt, kann auch anderen Menschen zugewandter und offener begegnen. In der Yogaphilosophie entspricht dieser offene, wertschätzende Kontakt dem Yama *Ahimsa*, was oft auch mit Gewaltlosigkeit übersetzt wird.

Asanas in den Schulalltag zu integrieren, ist ein starker Beitrag zur Förderung von Lernbereitschaft, Leistungsfähigkeit, Selbstbewusstsein sowie Entfaltung.

Asanas helfen Kindern und Jugendlichen:

- gegen muskuläre Verspannungen;
- gegen nachlassende Konzentration und Unruhe;
- gegen Stress und Angst sowie
- gegen Kopfschmerzen.

Asanas führen zu:

- mehr Aufmerksamkeit und Konzentration;
- mehr Ausgeglichenheit;
- mehr Selbstvertrauen;
- mehr Leistungsfähigkeit und zu
- einem besseren Körpergefühl und einer besseren Haltung.

Für den Schulalltag bieten sich einfache Übungen an, die ohne viel Vorbereitung realisiert werden können und ein leichtes Ankommen im Körper ermöglichen. Sie sind in jedem Klassenraum realisierbar. Jede Yogaübung setzt einen spezifischen Schwerpunkt, passend zu den Anforderungen eines normalen Schultags.

- Für Standfestigkeit und das innere und äußere Gleichgewicht: *Baum.*
- Zur Entlastung des Rücken- und Schulterbereichs: *Katze-Kuh* im Sitzen und *Drehsitz.*
- Für Konzentration und Gleichmut: *Blume.*
- Für Standfestigkeit, Kraft und Mut: *Krieger I.*

Legende zur Entstehung der Asanas

Yoga soll vor mehr als 3.500 Jahren entstanden sein. In den alten Schriften, wie z. B. im erwähnten *Yoga Sutra* von Patañjali, findet sich jedoch nur eine Asana, nämlich die sitzende Position für Meditation und Innenschau.

Häufig wird erzählt, dass das lange Sitzen aber auch Unangenehmes mit sich brachte. Der Körper benötigte also eine gute Vorbereitung, um lange still sitzen zu können, ohne dass Schmerzen oder unangenehme Erscheinungen spürbar wurden. Und so sollen sich die Yogis in der Natur umgeschaut haben und anhand ihres Beispiels verschiedene Übungen kreiert haben, z. B. so fest und stabil zu stehen wie ein Baum, oder einen so flexiblen Rücken zu haben wie ein Krokodil.

Die Legende von Shiva und dem Fisch

„Nach der Legende wollte Shiva seine Frau Parvati in die Lehre des Tantra einführen. Sie setzten sich in ein Boot und fuhren einen Fluss entlang (eine andere Version besagt, dass sie am Meeresstrand saßen) und Shiva dozierte vor sich hin. Nach einer Weile nickte Parvati ein. Shiva bemerkte das und fragte: ‚Schläfst du?' Statt Parvati antwortete ihm ein Fisch, der schon die ganze Zeit neben dem Boot hergeschwommen war: ‚Nein, ich höre dir aufmerksam zu.'

Shiva erkannte, dass der Fisch eigentlich der Fischer Matsyendra war (andere sagen, dass sich Matsyendra in einem Fisch verborgen hatte) und führte statt Parvati den aufmerksamen Matsyendra in die Lehre des Tantra ein. Unter anderem beschrieb er 84 Yogaübungen. Matsyendra trug die Lehre des Tantra weiter und gilt daher manchen als der Begründer des Hatha-Yoga."[5]

5 https://www.yogaeasy.de/artikel/Die-Geschichte-des-Yoga

1.2 Atemübungen

Setzen Sie sich bequem auf einen Stuhl und lehnen Sie sich zurück. Legen Sie eine Hand auf den Brustkorb, die andere auf den Bauch. Atmen Sie nun einige Male tief durch die Nase ein und aus. Spüren Sie die wohltuende Wirkung.

Um die entspannende Wirkung zu intensivieren, atmen Sie länger aus als ein: ein 1-2-3-4, aus 1-2-3-4-5-6.

Von unserem Atem leben wir. Der Atem ist für uns lebensnotwendig und eines der wichtigsten Prinzipien unserer Gattung. Atmen ist das Erste und auch das Letzte, was wir in diesem Leben tun.

Der Atem ermöglicht es uns, einen Zugang zu uns selbst (zu finden). Er zeigt uns an, wie es um unsere Gefühlswelt bestellt ist: Fließt er ruhig, so sind wir es auch. In Hektik oder bei Stress und Angst wird er schnell und getrieben. Jeder von uns kennt das beruhigende Gefühl einer gleichmäßigen Atmung.

Der Atem reagiert auf alles, was uns bewegt. Sprichwörter zeigen uns, dass Atmen mehr ist, als Luft zu holen. In manchen Situationen benötigen wir *einen langen* Atem. Und manchmal ist etwas so schön, dass es *atemberaubend* ist.

Umgekehrt können wir über den Atem also Einfluss auf unser Empfinden nehmen. Der indische Philosoph Tirumalai Krishnamacharya Venkata Desikachar spricht von einer „Verbindung zwischen dem Inneren und Äußeren unseres Körpers",[6] die wir über die Atmung erreichen.

Im entspannten Zustand atmet der Menschen ungefähr 23.000-mal pro Tag und erhält so den benötigten Sauerstoff für die Zellatmung. Mit jeder Ausatmung scheiden wir Kohlendioxid als Endprodukt der Zellatmung aus, um toxischen Effekten entgegenzuwirken. Bei jeder Einatmung strömt ungefähr ein halber Liter Luft in unsere Lungen.

6 Desikachar, T. K. V. (2013). *Yoga. Tradition und Erfahrung. Die Praxis des Yoga nach dem Yogasutra des Patañjali* (S. 29). Bielefeld: Theseus Verlag.

Sind wir jedoch angespannt und gestresst, wird der Atem flacher und nur der obere Teil der Lungenflügel wird benutzt. Die Folgen sind eine geringere Sauerstoffsättigung des Bluts, eine mangelnde Versorgung des Gehirns und Müdigkeit und Unkonzentriertheit.

Über den Atem können wir direkt auf das vegetative Nervensystem einwirken, sodass gleichzeitig das parasympathische Nervensystem aktiviert und das sympathische System beruhigt wird. So senkt sich der Blutdruck, die Sauerstoffversorgung des Körpers verbessert sich. Der Spiegel beruhigender Botenstoffe im Gehirn steigt, während sich Stresshormone parallel abbauen.

Vor allem der sogenannte *tiefe, lange Atem* aus dem Yoga stimuliert den Vagusnerv[7] und führt unter anderem zu einer Verlangsamung des Herzschlags. So kann sich der Körper entspannen. Mithilfe der Wechselatmung aus dem Yoga, *Nadi Shodana* genannt, kann man wahlweise das sympathische oder das parasympathische Nervensystem aktivieren, je nachdem, ob man mit dem rechten oder linken Nasenloch ein- und ausatmet. So kann der Kreislauf aktiviert oder beruhigt, der Blutdruck gesteigert oder gesenkt werden.

Im Wissen, welche Rolle der Atem spielen kann, können wir alle sehr aktiv mit diesem Werkzeug arbeiten. Studien belegen, dass viele Menschen falsch atmen und so das Potenzial des Atems nicht ausschöpfen können[8].

„Der Atem ist die Brücke, die das Leben mit dem Bewusstsein verbindet, die Brücke, die deinen Körper mit deinen Gedanken verbindet. Wann immer dein Geist zerstreut ist, benutze deinen Atem, um die Verbindung wiederherzustellen."[9]

Thích Nhất Hạnh (vietnamesischer Mönch und Schriftsteller)

7 Mehr zur Funktion des Vagusnervs siehe: Hintringer, S. (2021). *Der Vagusnerv. Unser innerer Therapeut.* Rottenberg am Neckar: Kopp Verlag.

8 Nestor, J. (2021). *Breath Atem* (S. 17). München: Piper Verlag.

9 Zitiert nach: https://atemwunder.de/das-wunder-des-atems/

Atemübungen sind in der Schule Gold wert. Sie sind ein Gerüst für Gelassenheit und Konzentration. Kinder und Jugendliche können Zuständen wie Angst, Stress und Müdigkeit mit ihrer Hilfe begegnen. Der Atem kann für Kinder und Jugendliche zu einer leicht steuerbaren Entspannungstechnik werden, die weit über die einfache Sauerstoffaufnahme hinausgeht. Der Atem wird für Kinder und Jugendlichen zu einem guten Freund, der ihnen gute Dienste leistet.

Die Beobachtung und Reflexion des eigenen Atemmusters sowie die Wahrnehmung der Verbindungsleistung des Atems zwischen Physis und Psyche sind wichtige Schritte auf dem Weg zu einem freieren und vertiefteren Atem und zu einer erweiterten achtsamen Selbstwahrnehmung. Wir können uns entscheiden, anders, tiefer und bewusster zu atmen: jeder, jederzeit und überall.

Zunächst steht die gezielte Wahrnehmung des eigenen Atems an, bevor die Atemkontrolle und Atemlenkung praktiziert wird. Schüler müssen genauso wie Erwachsene lernen, weniger flach und viel mehr tief in den Bauch zu atmen, um den Körper optimal mit Sauerstoff zu versorgen und von den positiven Wirkungen des Sauerstoffs profitieren zu können. Mit etwas Übung werden zielgerichtete Atemübungen zu Bewältigungsstrategien für stressbelastete oder angstmachende Situationen in der Schule, nicht nur vor Klassenarbeiten oder Referaten.

Die verschiedenen Atemübungen haben ihre jeweils eigenen Wirkungen: anregend oder ausgleichend, aktivierend oder beruhigend. Sie helfen, zu einer natürlichen, tiefen Atmung zurückzufinden. Die Atemübungen stellen ein Gleichgewicht her, sodass sich das Nervensystem harmonisiert und zum Ausgleich findet. Je nach Bedürfnis wenden die Schüler sie mehr und mehr selbsttätig an.

Schüler profitieren sehr davon, wenn man ihnen dieses Werkzeug vermittelt. In Studien wurde nachgewiesen, dass Schüler durch die tiefe Atmung ein Gefühl von Beruhigung herbeiführen und so das eigene emotionale und psychische Wohlbefinden steigern konnten[10].

Wenn Kinder und Jugendliche lernen, mithilfe der Atmung das sympathische Nervensystem zu beruhigen, können sie aktiv gegen Überforderungs- und Stresssymptome sowie Erregungszustände wie Zittern, Herzrasen, Schwitzen und Ängstlichkeit vorgehen. Sie helfen auch bei Kopfschmerzen oder Schlafstörungen. Die Kinder und Jugendlichen erhalten so die Möglichkeit, Einfluss auf ihre Gefühlswelt zu nehmen.

Negative Gefühle können in Wohlgefühl transformiert werden. Sie erleben dadurch weniger Angst und Stress und mehr Gelassenheit und Ruhe. Atemübungen tragen zu einer größeren Resilienz und einer positiveren Emotionsregulation bei. Dadurch steigert sich auch die Leistungsfähigkeit. So stellt sich bei Kindern und Jugendlichen ein Gefühl von Selbstwirksamkeit ein, infolgedessen sie sich und ihre Umwelt gelöster und aufgeschlossener wahrnehmen.

Mit Atemübungen lassen sich Aufmerksamkeit und Achtsamkeit schulen. Man lernt, den Atem und seinen Fluss zu beobachten, nutzt ihn als Anker. Schweifen die Gedanken ab, kehrt man wieder zum Atem zurück.

Für die Schule haben wir Atemübungen ausgesucht, die auf die Bedürfnisse des Schulalltags ausgerichtet sind. Im Laufe des Schulvormittags benötigen Kinder und Jugendliche einen Ausgleich zur kognitiven Wissensvermittlung.

- Für die Sensibilisierung und Bewusstwerdung des eigenen Atemmusters: *Atemanker.*
- Für Entspannung, Konzentration und Sauerstoffversorgung: *tiefer, langer Atem.*
- Für Ausgleich und Wachheit: *Wechselatmung.*
- Für Wachheit und Aktivität: *Gorillatmung.*

10 Petermann, F. & Vaitl, D. (2014). Entspannungsverfahren – eine Einführung. In F. Petermann & D. Vaitl (Hrsg.), *Entspannungsverfahren. Das Praxishandbuch.* (S. 19-44) Beltz. Weinheim.

Atemübungen helfen Kindern und Jugendlichen:

- gegen Angst;
- gegen Anspannung und Stress;
- gegen nachlassende Konzentration und Unruhe und
- gegen körperliche Symptome wie Herzrasen und Müdigkeit.

Atemübungen führen zu:

- mehr Entspannung;
- mehr Ausgeglichenheit;
- mehr Wachheit und zu
- mehr Leistungsfähigkeit.

Eine Geschichte zum Atem aus den Upanishaden

Die Sinne sitzen zusammen und streiten, wer am wichtigsten ist. Die Augen, die Ohren, die Nase etc. und der Atem. Weil sie sich nicht einigen können, beschließen sie, dass jeder Sinn eine Zeit lang auf Reisen gehen muss, und in seiner Abwesenheit wollen die anderen beobachten, wie es sich so lebt.

Einer nach dem anderen geht also einige Zeit fort, und die anderen arrangieren sich eigentlich sehr gut in der Zwischenzeit. Als Letztes geht der Atem fort, aber noch bevor er weit kommt, geht es den anderen sehr schlecht, sie gehen fast zugrunde und rufen dem Atem nach:

‚Komme zurück, bitte, komme zurück, ohne dich geht gar nichts!'[11]

11 Zitiert nach: https://www.thetoolboxisyou.com/de/der-atem/

1.3 Achtsamkeitsübungen

Übung Achtsames Lesen

Nehmen Sie sich eine Minute Zeit für einen Text Ihrer Wahl. Lesen Sie den Text und lesen Sie nur diesen Text. Bleiben Sie bei diesem Text und tun Sie nichts anderes, als diesen Text zu lesen.

Achtsamkeit ist die im Urbewusstsein untergebrachte Selbsthilfe des Menschen: Wer Achtsamkeit aufbringen kann, lässt automatisch andere daran teilhaben, weil er eine Atmosphäre der Selbst- und Fremdakzeptanz herstellt, die zu einer Lebenssphäre führt, in der alle zur Entfaltung kommen.

So drückt es auch Vera Kaltwasser aus: „Die Basis der Haltung der Achtsamkeit ist zunächst eine ethisch fundierte Entscheidung (. . . .), niemanden zu schaden, das eigene Bewusstsein zu kultivieren und damit Mitgefühl zu entwickeln."[12]

Wie in der Yogapraxis geht es um die Etablierung einer sozialverträglichen Lebensweise. Susanne Kramer formuliert es so: „Ohne die nicht wertende Haltung sich selbst und seiner Umwelt gegenüber wird Achtsamkeit zum Konzentrationstraining."[13]

Der amerikanische Professor für Medizin, Jon Kabat-Zinn, beschreibt Achtsamkeit wie folgt: „Achtsamkeit besteht im Wesentlichen in nichts anderem als einer besonderen Art von Aufmerksamkeit, die wir *Gewahrsam* nennen."[14]

Kabat-Zinn animiert uns, unsere Aufmerksamkeit auf das zu lenken, was wir im gegenwärtigen Augenblick tun sowie die dazugehörigen Emotionen und Gedanken und die körperliche Befindlichkeit zu spüren.

12 Kaltwasser, V. (2016). *Praxisbuch Achtsamkeit in der Schule. Selbstregulation und Beziehungsfähigkeit als Basis von Bildung* (S. 17). Weinheim: Beltz Verlag.

13 Kramer, S. (2019). *Wache Schule. Mit Achtsamkeit zu Ruhe und Präsenz* (S. 29-30). Paderborn: Jungfermann Verlag.

14 Kabat-Zinn, J. (2013). *Gesund durch Meditation. Das große Buch der Selbstheilung mit MBSR* (S. 43). München: Knaur Verlag.

Wir beobachten uns selbst, um eine vertiefte Erkenntnis über unsere inneren Strukturen und Mechanismen zu erhalten. Achtsamkeit ist wie Yoga ein innerer Lehrer. Mit seiner Hilfe erlangt man (neue) Kenntnisse über den eigenen Körper und Geist, die eigenen inneren und äußeren Zustände. Wir lernen, zu beobachten, wie sich unser Körper anfühlt, wenn wir glücklich sind. Wir verstehen, dass sich unser Körper anders anfühlt, wenn wir unter Anspannung stehen.

In der Praxis der Achtsamkeit ist kein Gefühl tabu. Wir lernen Strategien, um unsere Gefühle zunächst zu identifizieren und sie dann gegebenenfalls zu kanalisieren, um nicht von ihnen übermannt zu werden und ihnen hilflos ausgeliefert zu sein.

Wir können uns im täglichen Leben in Achtsamkeit üben: beim Lesen, Putzen oder Spazierengehen. Wenn wir achtsam sind, tun wir nur das, was wir gerade tun und nehmen uns dabei wahr. Beim Spaziergang können wir darauf achten, wie schnell oder langsam wir gehen, wie es sich anfühlt, wenn der Wind über das eigene Gesicht streicht, welche Geräusche wir wahrnehmen: das Rascheln der Blätter im Wind, das Zirpen der Grillen oder den Gesang der Amsel am Morgen.

Je häufiger wir solche achtsamen Tätigkeiten ausführen, desto mehr werden wir uns unserer Umwelt und uns selbst *gewahr*. Achtsamkeit kann (und muss) man wie Lesen und Schreiben üben.

Bodyscan

- Wie fühlen sich die Füße an?
- Wie die Unterschenkel, Knie und Oberschenkel?
- Wie Hüfte und Becken?
- Wie fühlen sich Bauch und Brustkorb an?
- Wie der untere, mittlere und obere Rücken?
- Wie fühlen sich die Arme und Beine an?
- Wie Schulter-, Hals- und Nackenbereich?
- Wie fühlen sich Kopf, Kopfhaut und Haare an?

Während des Bodyscans durchleben wir eine Selbsterforschung. Wir unternehmen eine Reise in unser Inneres: Wir beobachten unsere Körperempfindungen sowie Gedanken und Gefühle in einem wachen, aufmerksamen und bewussten Zustand, ohne das Wahrgenommene zu bewerten. Alle Gefühle und Gedanken haben ihre Berechtigung. Der Bodyscan führt schnell zu Entspannung und kann selbstständig durchgeführt werden. Er nimmt Körper, Geist und Seele gleichermaßen in den Blick. Nicht umsonst ist er in vielen Yogastunden, MBSR-Training[15] und in der Psychotherapie gängige Praxis.

„Achtsamkeit ist durch ein gelassenes, nicht-wertendes und kontinuierliches Gewahrsein wahrnehmbarer geistiger Zustände und Prozesse von Augenblick zu Augenblick gekennzeichnet. Dies bedeutet ein anhaltendes, unmittelbares Gewahrsein körperlicher Empfindungen, Wahrnehmungen, Affektzustände, Gedanken und Vorstellungen."[16]

Wer Achtsamkeit übt, kann erfahren, dass man den Herausforderungen des Lebens aktiv begegnen kann. Achtsamkeit führt „nicht zum Rückzug, sondern gibt uns die Energie zum bewussten Gestalten unserer Umwelt!"[17] Man beobachtet sich selbst und lernt sich besser kennen. Achtsamkeit ist die Selbsthilfe, um Stress und Anspannung zu lindern.

Wer sich in Achtsamkeit übt, wird mit der Zeit resilienter und entspannter. Man begegnet den eigenen Gedanken und Gefühlen mit mehr Gleichmut, erfährt die Situationen als weniger dramatisch und dämpft dadurch auch Gefühle wie Angst.

15 *Mindfulness Based Stress Reduction*, auf Deutsch: Stressreduktion durch Achtsamkeit, entwickelt von John Kabat-Zinn.

16 Grossmann, P. (2009). Das Üben von Achtsamkeit. In T. Heedenreich & J. Michalak (Hrsg.), *Achtsamkeit und Akzeptanz in der Psychotherapie. Ein Handbuch* (S. 69-102). Tübingen: dgvt Verlag.

17 Kramer, S., 2019, S. 31.

Susanne Kramer führt aus, Achtsamkeitsübungen haben vielfältig positive und wissenschaftlich belegte Auswirkungen auf unseren Körper und Geist.[18] Die Wichtigste sei zuerst genannt: Achtsamkeit kann Angst dämpfen. Studien von Hirnforschern zeigen, dass die Region unseres Gehirns, die bei Angst besonders aktiv ist, die Amygdala, schrumpft, wenn wir uns regelmäßig in Achtsamkeit üben. Gleichzeitig nimmt die Größe des Hippokampus zu, wo unser Gedächtnis verortet ist.

Das Gehirn kann sogar wachsen: Wie zum Beispiel der aufmerksamkeitssteuernde Bereich unseres Gehirns und graue Zellen im orbifrontalen Kortex, Zentrum für die emotionale Beurteilung. Selbst die Zusammensetzung des Blutes kann sich verändern. Achtsamkeitsübungen lindern viele stressbedingte Beschwerden, wie beispielsweise Kopfschmerzen und Herzrasen.

In allen Achtsamkeitsübungen wird ein nicht wertender Blick auf den eigenen Körper und die dazugehörigen Gedanken und Emotionen geworfen. Es geht ums Verstehen des Zustandes, nicht um die Bewertung. Der renommierte Neurowissenschaftler Richard Davidson (2019) geht davon aus, dass Menschen zufriedener und glücklicher werden, wenn sie mithilfe von Achtsamkeitsübungen eine größere Einsicht in die eigenen Gedanken und Gefühle bekommen.

Davidson zufolge übernehmen Menschen mit einer regelmäßigen Achtsamkeitspraxis mehr Verantwortung für sich selbst und das eigene Leben, das sie so entsprechend der eigenen Bestimmung ausrichten können.[19]

Prozess der Achtsamkeit nach Davidson[20]

1. Gewahrsam üben;
2. mit sich und anderen in Verbindung treten;
3. Einsicht in das eigene Selbst nehmen;
4. Bestimmung im Leben finden.

18 Vgl. dazu Kramer, S., 2019, S. 32-35.

19 Zitiert nach: Singer, W. & Ricard, M. (2018). *Jenseits des Selbst. Dialoge zwischen einem Hirnforscher und einem buddhistischen Mönch* (S. 233). Berlin: Suhrkamp Verlag.

20 Zitiert nach: Bruin, A. de (2021). *Achtsamkeit und Meditation im Hochschulkontext. 10 Jahre Münchener Modell* (S. 5-8). Bielefeld: transcript Verlag.

Kindern und Jugendlichen Achtsamkeitsübungen zu vermitteln, ist ein wichtiger Beitrag zur Entwicklung ihrer Persönlichkeit: Sie beinhalten die Chance, Schülern aller Altersstufen Einblick in die eigenen Emotionen, Bewertungsmuster, Stereotype und das eigene Selbst zu vermitteln und das eigene Verhalten bewusst zu steuern.

Das hört sich relativ abstrakt an. „Im Grunde ist Achtsamkeit ein ziemlich einfaches Konzept. Seine Kraft liegt in der praktischen Umsetzung und Anwendung."[21]

Die Übungen vermitteln konkrete Strategien zum Umgang mit eigenen Emotionen. Kinder und Jugendliche üben sich so in Impulskontrolle. Sie lernen einen förderlichen Umgang mit den eigenen Gefühlen. Die Schüler erfahren Möglichkeiten, das eigene Stresserleben zu kanalisieren und zu reduzieren.[22]

Sie erlernen eine produktive Form der Auseinandersetzung mit Schwierigkeiten. Sie entwickeln eine kompetente Einschätzung der eigenen Handlungen und finden einen sinnvollen Umgang mit den eigenen Ressourcen. In den Atemübungen haben die Kinder und Jugendlichen Einblick in eigene Atemmuster erhalten; jetzt erhalten sie Einblick in eigene Bewertungs- und Emotionsmuster und erfahren, wie häufig wir etwas bewerten.

Mithilfe der Achtsamkeitspraxis erhalten sie die Möglichkeit, sich der eigenen Muster bewusst zu werden und diese Muster zu modifizieren bzw. loszulassen, wenn sie unserer Entfaltung und Entwicklung echter sozialer Beziehungen nicht dienlich sind. Wenn das gelingt, erleben Schüler echte Selbstwahrnehmung, Selbstregulation und Selbstbestimmung.

Achtsamkeitsübungen sind für Kinder und Jugendliche auch deshalb attraktiv, weil in ihnen alle Gefühle und Gedanken legitim sind und es darum geht, einen sozialverträglichen Umgang mit ihnen zu finden. Anhand der Achtsamkeitsübungen lernen die Kinder und Jugendlichen, „wie sie sich mit sich selbst und den Menschen um sie herum verbunden und freundlich sein können."[23] Damit ergänzen sie sich in bester Weise mit dem Konzept des Yoga.

Sie erleben in der Achtsamkeitspraxis kein Gefühl von Ohnmacht, sondern üben sich in der Kontrolle ihrer Impulse und Emotionen. Sie stellt eine wichtige Form von Psychoedukation dar. Sie stellt die Seelenbegleitung der Kinder und Jugendlichen in den Mittelpunkt, sodass sie den Risiken und Gefahren der heutigen Anforderungswelt nicht wehrlos ausgeliefert sind.

Achtsamkeit birgt das Potenzial echter innerer Selbstbestimmung. Sie führt mit ein wenig Übung zu mehr Ruhe und Konzentration. Kinder und Jugendliche können dem Unterricht besser folgen, sodass ihre Lernbereitschaft und Leistungsfähigkeit steigt.

21 Kabat-Zinn, J. Zitiert in Kaltwasser V. (2016), *Achtsamkeit in der Schule, Stille-Inseln im Unterricht: Entspannung und Konzentration* (S. 45). Weinheim: Beltz Verlag.

22 Zur Wirksamkeit der Achtsamkeit in der Schule vergleiche: Hölzel, B. (2015). Mechanismen der Achtsamkeit. Psycho-neurowissenschaftliche Perspektiven. In B. Hölzel & C. Brähler (Hrsg.), *Achtsamkeit mitten im Leben. Anwendungsgebiete und wissenschaftliche Perspektiven* (S. 43-78). München: Otto Wilhelm Barth Verlag. Sowie Forschungsnetzwerk Achtsamkeit (https://www.netzwerk-achtsamkeit-in-der-bildung.de).

23 Davidson, R. J. (2019). *Moment by Moment*, Ausgabe 1, 49-52.

Für die Schule haben wir Achtsamkeitsübungen ausgesucht, die auf das Wahrnehmen der Körperlichkeit, Gedanken und Emotionen ausgerichtet sind.

- Für die Sensibilisierung auf die Körperlichkeit: *Schüttelmeditation*.
- Für die Sensibilisierung auf Körper und Sinneswahrnehmungen: *Fünf-Finger-Achtsamkeitsübung*.
- Für die Sensibilisierung auf Körper und Emotionen: *Sa-Ta-Na-Ma-Meditation*.
- Für die Sensibilisierung auf Körper und Emotionen: *Mudra-Flow*.

Geschichte zur Achtsamkeit: Das Geheimnis der Zufriedenheit

Es kamen ein paar Suchende zu einem alten Zen-Meister. „Herr", fragten sie, „was tust du, um glücklich und zufrieden zu sein? Wir wären auch gerne so glücklich wie du." Der Alte antwortete mit mildem Lächeln: „Wenn ich liege, dann liege ich. Wenn ich aufstehe, dann stehe ich auf. Wenn ich gehe, dann gehe ich und wenn ich esse, dann esse ich."

Die Fragenden schauten etwas betreten in die Runde. Einer platzte heraus: „Bitte, treibe keinen Spott mit uns. Was du sagst, tun wir auch. Wir schlafen, essen und gehen. Aber wir sind nicht glücklich. Was ist also dein Geheimnis?" Es kam die gleiche Antwort: „Wenn ich liege, dann liege ich. Wenn ich aufstehe, dann stehe ich auf. Wenn ich gehe, dann gehe ich und wenn ich esse, dann esse ich."

Die Unruhe und den Unmut der Suchenden spürend, fügte der Meister nach einer Weile hinzu: „Sicher liegt auch ihr und ihr geht auch und ihr esst. Aber während ihr liegt, denkt ihr schon ans Aufstehen. Während ihr aufsteht, überlegt ihr, wohin ihr geht und während ihr geht, fragt ihr euch, was ihr essen werdet. So sind eure Gedanken ständig woanders und nicht da, wo ihr gerade seid. In dem Schnittpunkt zwischen Vergangenheit und Zukunft findet das eigentliche Leben statt. Lasst euch auf diesen nicht messbaren Augenblick ganz ein und ihr habt die Chance, wirklich glücklich und zufrieden zu sein."

Achtsamkeitsübungen helfen Kindern und Jugendlichen:

- gegen Angst;
- gegen Anspannungen und Stress;
- gegen nachlassende Konzentration und Unruhe und
- gegen Herzrasen und Schlafstörungen.

Achtsamkeit führt zu:

- mehr Aufmerksamkeit und Ausgeglichenheit;
- mehr Selbstwahrnehmung und Selbstreflexion;
- zu einer verbesserten Impulskontrolle und Selbstwirksamkeitserfahrungen;
- mehr Wohlbefinden und Resilienz und zu
- mehr sozialen Kompetenzen.

1.4 Das Zusammenspiel von Asanas, Atemübungen und Achtsamkeit als wirksame Verbündete gegen Schulstress

Die Kombination von Asanas, Atemübungen und Achtsamkeitsübungen vermittelt den Schülern einen Einblick in eine gesundheitsbewusste Lebensweise. Kinder und Jugendliche erfahren, wie lohnenswert es ist, auf innere Lehrer zu hören. Sie machen die Erfahrung, dass sie nach den Übungen meistens entspannter und gelassener sind, da sie lernen, das parasympathische Nervensystem für sich zu nutzen. Sie erlangen Einsicht in das eigene Selbst.

Die zugewandte Begegnung mit sich selbst steht dabei im Mittelpunkt und führt zu Selbstwirksamkeitserfahrungen und Resilienz. Außerdem erweitern die Schüler Kompetenzen im sozioemotionalen Bereich. Sie durchleben die Erfahrungen gemeinsam mit ihren Mitschülern und Lehrern, wodurch die Klassengemeinschaft und die Lehrer-Schüler-Beziehung gestärkt und intensiviert wird.

Insofern ist die Übungszeit auch keine verlorene, sondern eine gewinnbringende Zeit, zumal die erlernten Strategien nicht nur in der Schule, sondern ein Leben lang einsetzbar sind.

Asanas, Atem- und Achtsamkeitsübungen sind der helfende Blick auf sich selbst und andere, das Erkennen von Kraftquellen, Begabungen und Wegen, die zum Einklang mit sich und den Mitmenschen führen. Der ethisch fundierte Ansatz aller drei Systeme hilft dabei, niemandem zu schaden, sondern sozial miteinander zu handeln.

2

Schulalltag und Stressoren

Der Schulalltag ist ein dynamisches Geschehen. Soziale Interaktionen, Kognitionsprozesse und kontextuelle Orientierung wechseln sich im Minutentakt ab und ergeben ein hochanspruchsvolles Tätigkeitsprofil für alle Beteiligten.

Schüler in weiterführenden Schulen müssen sich spätestens alle 90 Minuten oftmals in engen Räumen auf neue Lehrerpersönlichkeiten und neue Inhalte einstellen. Für Grundschüler geht es um das Erleben einer neuen Struktur des Tages und vor allem um das Erleben, dass Bewegung nicht mehr den Tagesablauf bestimmt. Erfolge und Misserfolge begleiten sie ständig. Aus ihnen wachsen und lernen Kinder und Jugendliche.

Sind die Herausforderungen, seien sie emotionaler oder kognitiver Art, zu groß, kommt es zu Frust und Überforderung. Hier helfen ganzheitliche Bewältigungsstrategien, standzuhalten und positive Perspektiven zu entwickeln. So werden aus Belastungen keine Depressionen und kein Stress.

Ein ausgewogenes Verhältnis zwischen Herausforderung und Fähigkeiten zur Bewältigung derselben sind eine notwendige Voraussetzung, damit aus den Beanspruchungen keine Belastungen werden, die in Stress münden. Leider hat sich Stress fest in unserem Alltag und damit auch im Schulalltag etabliert.

2.1 Exkurs: Der Begriff Stress und seine Folgen

Unser Körper ist ein Wunderwerk, hat er doch ein Notfallprogramm etabliert, um Körper und Psyche in lebensbedrohlichen Situationen zu unterstützen: So bleiben wir handlungsfähig. In einer Gefahrensituation schüttet unser Körper die Hormone Adrenalin und Noradrenalin aus, die uns zu Höchstleistungen befähigen.

Unser Geist ist hellwach. Puls, Blutdruck und Blutzuckerspiegel steigen, die Muskeln werden straffer. Nicht überlebensnotwendige Funktionen, wie Zellwachstum, Verdauung und Immunsystem, treten in den Hintergrund und werden unterdrückt. Je nach Lage kämpfen oder fliehen wir, ohne etwas zu überlegen oder planen zu müssen, ohne moralische, soziale, berufliche Bedenken, retten wir uns oder andere.

Stress kann gesund und positiv sein, wenn er dazu dient, eine herausfordernde Situation zu meistern. Wir gehen gestärkt aus solchen Situationen heraus, brauchen aber im Anschluss Zeit zur Regeneration. Damit Stress nicht zu einem Energieräuber wird, ist ein ausgewogenes Verhältnis zwischen Phasen der Beanspruchung und Regenerationsphasen wichtig.

Wenn wir uns dauerhaft in einem Zustand des Ungleichgewichts zwischen den wahrgenommenen Anforderungen und der Fähigkeit, diese zu bewältigen, befinden, kommt der Körper in einen permanenten kritischen Stressmodus. Wir erleben einen Kontrollverlust.

2.2 Körperliche und emotionale Auswirkungen von Stress

Stress löst als Basisemotion Angst aus und fördert Zweifel an unseren Fähigkeiten. Wir machen uns Sorgen um unsere Leistungsfähigkeit und stellen uns mehr und mehr infrage. Wir empfinden eine gesteigerte Erregung und Ängstlichkeit. Unsere Motivation und unsere kognitiven Kompetenzen, beispielsweise passende Lernstrategien einzusetzen, nehmen ab.

In Momenten emotionaler Belastung sind wir weniger aufmerksam. Das Kurzzeitgedächtnis ist beeinträchtigt und wir können weniger gut kreativ denken, da die angstauslösenden Gedanken einen Großteil der Kapazität unseres Gehirns beanspruchen. Der Körper kann nur unzureichend regenerieren, da Stresshormone nicht abgebaut werden. Symptome wie Müdigkeit, Konzentrationsschwäche, Herzrasen, sowie Aggressionen treten auf. Wir machen häufiger Fehler und sind nicht bei der Sache.

In Stresssituationen nehmen wir überdies häufig Schutzhaltungen mit hochgezogenen Schultern und gekrümmtem Rücken ein. Dies kann zu körperlichen Verspannungen und zu einer verschlechterten Sauerstoffaufnahme führen. Kommt es längerfristig zu einer Überforderung - zu chronischem Stress -, kann dies zu schwerwiegenden gesundheitlichen Einschränkungen führen.

Mittels diverser Studien und Befragungen der letzten Jahre konnte zudem gezeigt werden, dass das Stressempfinden mit den Übergängen wächst. Je höher also die Klasse ist, desto höher ist das Stressempfinden der Schüler.[24]

2.3 Stressoren im Kontext Schule

Im Kontext Schule wirken Stressoren unterschiedlicher Art auf Kinder und Jugendliche ein. Sie lassen sich in soziale und leistungsbezogene Stressoren auffächern.

Soziale Stressoren sind unter anderem Konflikte mit Mitschülern oder Lehrern. So hat etwa das Mobbing unter Schülern in den letzten Jahren beträchtlich zugenommen und ist für Betroffene sehr belastend. Darüber hinaus machen Leistungsanforderungen und Zensuren Kindern und Jugendlichen zu schaffen. Viele setzen sich selbst unter Druck und haben in einem Schulsystem, das auf Leistung und Konkurrenz setzt, den Eindruck, nicht zu genügen. Manchmal fehlt auch die Unterstützung von zu Hause.

24 https://www.kita.de/wissen/schulstress/

Viele Kinder leiden unter elterlichen Erwartungen und fürchten ihre Reaktionen auf die schulischen Leistungen. In der *Kinderwelten-Studie* von 2008 konnte bereits nachgewiesen werden, dass sich die Zahl der Schüler, die über Kopf- oder Bauchschmerzen klagen, mit Eintritt in die vierte Klasse verdoppelt.[25] Das war lange vor der Pandemie und den Herausforderungen, die wir heute sehen . . .

Zu den **leistungsbezogenen** Stressoren kommen Versagensängste in Form von Angst vor Klassenarbeiten, die als sehr belastend erlebt werden. Der Leistungsdruck ist ein vorherrschender Stressor, den manche Eltern durch ihre hohen Erwartungen potenzieren. Mancher Schüler entwickelt auch einen ungesunden Perfektionismus und setzt sich selbst unter Zensurendruck.

Ein Stressor kann auch eine fehlende Unterstützung seitens der Eltern und Lehrer sein. Nicht nur vor Prüfungssituationen, sondern auch vor Referaten entwickeln Kinder und Jugendliche Ängste.

Soziale und leistungsbezogenen Stressoren können durch **äußere** Stressoren wie eine hohe Lärmbelästigung, räumliche Enge im Klassenzimmer, Bewegungsmangel während des Schultags, ein (zu) hohes Arbeitspensum und die fortwährende Fremdbestimmung potenziert werden.

Tab. 1: Stressoren im Kontext Schule

Soziale Stressoren	Leistungsbezogene Stressoren	Äußere Stressoren
• Konflikte mit Mitschülern • Konflikte mit Lehrern • Erwartungen von den Eltern • Konkurrenz unter den Mitschülern	• Versagensängste • Leistungsdruck • Zensurendruck • Fehlende Unterstützung von Eltern und Lehrern	• Lärmbelästigung • Räumliche Enge • Mangelnde Bewegung • Hohes Arbeitspensum • Übergang in die weiterführende Schule

25 https://www.yumpu.com/de/document/read/10283680/broschure-familie-im-umbruch-kindheit-heute-super-rtl

2.4 Folgen von Stress für die Gesundheit

Die Folgen von Stress auf die Gesundheit der Kinder und Jugendlichen sind so individuell wie die Kinder und Jugendlichen selbst. Einige von ihnen stecken Stress aufgrund einer ausgeprägten Widerstandsfähigkeit besser weg und können sich nach Phasen der Beanspruchung gut regenerieren. Nicht wenige Kinder und Jugendliche leiden aber unter schweren physischen, psychosomatischen und psychischen Symptomen. Auch im Verhalten von Kindern und Jugendlichen manifestieren sich Symptome.

Physische und psychosomatische Symptome von Stress

- Appetitlosigkeit
- Bauchschmerzen
- Darmprobleme
- Herzrasen
- Kopfschmerzen
- Nackenschmerzen
- Rückenschmerzen
- Schlafprobleme
- Schwitzen
- undefinierbare Schmerzen

Psychische Symptome von Stress

- Ängstlichkeit/Angst
- Aggressionen
- Autoaggressionen
- Depressionen
- Erregbarkeit
- Pessimismus
- Selbstwertverlust
- Traurigkeit

Verhaltenssymptome

- Antriebslosigkeit
- Aufmerksamkeitsstörungen
- Konzentrationsschwierigkeiten
- sozialer Rückzug
- Schulvermeidung

Erhebungen wie beispielsweise das *Schulbarometer* des Robert-Koch-Instituts[26] belegen, dass sich der Stress durch die Covid-19-Pandemie potenziert hat, da etablierte Stressbewältigungsstrategien nicht praktiziert werden konnten und viele Kinder und Jugendliche Gefühle von Vereinzelung und Einsamkeit entwickelt haben.

50 Prozent der befragten Lehrer nahmen die Kinder und Jugendlichen als unruhiger wahr. 42 Prozent geben an, dass sie die Schüler als niedergeschlagener erleben und 38 Prozent empfinden die Schüler als aggressiver. In derselben Erhebung konstatieren Lehrer, dass 80 Prozent der Schüler Motivationsprobleme hätten. Im Jahr zuvor zeigten 68 Prozent Motivationsprobleme.

Diese Beobachtungen entsprechen den Ergebnissen weiterer Studien. Laut einer *DAK-Studie* haben neurotische Erkrankungen wie Essstörungen und Depressionen signifikant zugenommen[27]. Auch der Trendstudie *Jugend in Deutschland*[28] zufolge leiden 45 Prozent der Jugendlichen zwischen 14 und 29 unter psychischen Belastungen mit Stress, Antriebslosigkeit, Erschöpfung und Hilflosigkeit.

Die Ergebnisse passen zu den Ergebnissen des *Präventionsradars* der DAK[29]. 40 Prozent der Schüler geben hier an, sehr oft unter Stress zu leiden. Fast die Hälfte der Jugendlichen gab an, häufig unter Müdigkeit und Erschöpfung zu leiden und ein Drittel berichtet von Schlafproblemen. Mädchen leiden dabei mehr als Jungen unter der Symptomatik. Je älter die Schüler werden, desto stärker wird die Problematik.

26 https://deutsches-schulportal.de/deutsches-schulbarometer/#april-2022
27 https://www.dak.de/dak/bundesthemen/kinder--und-jugendgesundheit-2091020.html#/
28 https://simon-schnetzer.com/blog/pressemitteilung-zur-trendstudie-sommer-2022/
29 https://www.praeventionsradar.de/downloads/Ergebnisbericht_SJ2021.pdf

Die alarmierenden Ergebnisse werden durch zum Teil schlechter werdende Leistungen ergänzt: Die *IGB-Vergleichsstudie*[30] aus dem Jahr 2022 attestiert den Viertklässlern in den Hauptfächern eine signifikante Verschlechterung der Lernstände.

Die Studien zeigen, dass viele Kinder und Jugendliche nur bedingt über produktive Selbstregulationsfähigkeiten und funktionierende Strategien zur Stressverarbeitung verfügen, die heute von großer Bedeutung sind.

Für die Bewältigung von Stress sind jedoch nicht nur Strategien bedeutsam, sondern auch die eigene Haltung zum Stress. Das eigene Stresserleben und die individuelle Bewertung von Stress spielen eine große Rolle für unser Stressempfinden: „Wer immer perfekt sein und alles richtig machen will, wer starren Idealen folgt und nicht loslassen kann, der läuft blind in die Stressfalle, denn wir alle sind Menschen, die Fehler machen dürfen und müssen."[31]. In dieser Erkenntnis liegt eine Chance, ein anderes Verhältnis zu Stress zu gewinnen.

Selbst wenn wir Erwachsene uns manchmal wünschen mögen, ihnen bestimmte Erfahrungen und Herausforderungen zu ersparen, benötigen sie sie für die eigene Entfaltung und Erfahrung von Selbstwirksamkeit. Die Bewältigung von Herausforderungen gehört zum Prozess des Erwachsenwerdens dazu. Kinder und Jugendliche entwickeln sich weiter, wenn sie schwierige Situationen gemeistert haben.

30 https://www.iqb.hu-berlin.de/vera

31 Günther, B. (2019). *Resiliente Lehrer - resiliente Schüler* (S. 18). Hamburg: scolix in der AAP Lehrerwelt GmbH.

3

Digitalisierung

Vorweg sei gesagt, dass dies nur ein kurzer Einblick zum Thema sein kann, denn es könnte allein schon ein ganzes Buch füllen.

Dass wir in Deutschland, gerade, was die digitale Bildung betrifft, nicht zu den fortschrittlichsten Ländern zählen, ist sicher hinreichend bekannt. Die Pandemie hat hier noch einmal große Defizite aufgezeigt.

So gibt es zwei Ebenen, die es hier zu beleuchten gilt. Da ist zum einen die Ebene, wie viel digitaler Unterricht überhaupt sinnvoll für die Schüler ist und wie sie bestmöglich von diesen Medien profitieren. Zum anderen ist es dennoch wichtig, nicht aus dem Blick zu verlieren, dass die digitale Welt auch ihre Schattenseiten hat und es hier nötig ist, eine gute Balance zu schaffen, Stichwort Medienkompetenz.

Beginnen wir doch direkt mit der Frage, was es braucht, um in unserer immer stärker digitalisierten Welt zurechtzukommen und vor allem auch mit den Anforderungen, die diese an uns stellt, einen guten Umgang zu finden.

In den letzten Jahren gab es hier schnelle und weitreichende Veränderungen. Heute wundern wir uns nicht mehr über 3-D-Drucker oder Handys, die gefühlt alles können, ob Bankgeschäfte erledigen, ein ganzes Büro ersetzen oder die Welt verkleinern, indem Kontakte schnell und einfach, auch per Bild, herzustellen sind. Die Zeiten, dass ein Telefon „nur" zum Telefonieren da war, sind lange vorbei.

Diese rasante Veränderung bringt allerdings auch ein hohes Maß an Verantwortung mit sich. Denn das Netz vergisst nicht (z. B. veröffentlichte Bilder etc.) und macht es zudem leicht, in der Masse der Anonymität unterzutauchen.

Laut der Plattform *statista* liegt der Anteil der Kinder zwischen sechs und neun Jahren, die täglich mehr als eine Stunde im Netz verbringen, bei 22 Prozent![32]

Eine Untersuchung der Krankenkasse DAK-Gesundheit und des Deutschen Zentrums für Suchtfragen am Universitätsklinikum Hamburg-Eppendorf (UKF) hat herausgefunden, dass Jugendliche zwischen 12 und 17 Jahren täglich rund 2,5 Stunden in sozialen Medien unterwegs sind.[33] Dies hat mittlerweile auch gesundheitliche Folgen. So sieht die DAK auch einen Zusammenhang zwischen Social-Media-Sucht und Depression.

Hinzu kommen Probleme wie Realitätsflucht, Essstörungen, Auseinandersetzungen mit den Eltern und Schlafprobleme. So ist es sicher wichtig, gerade auch für den Kontext Schule, diese Problematik im Blick zu haben, wenn wir nun im Bereich von Lernen und Entwicklung vermehrt auf diese Medien zugreifen.

32 https://de.statista.com/themen/3207/internetnutzung-durch-kinder-und-jugendliche/#dossierKeyfigures

33 https://www.dak.de/dak/bundesthemen/onlinesucht-studie-2106298.html#/

Das Internet bietet vielfältige Möglichkeiten, die durchaus auch sehr positiv nutzbar sind. Und auch im schulischen Kontext können wir von diesen Möglichkeiten profitieren. Hätten wir diese Form der Kommunikation und des Miteinanders in Zeiten des Lockdowns nicht zur Verfügung gehabt, wären sicherlich noch mehr Menschen von Vereinsamung und fehlenden Kontakten betroffen gewesen.

Doch da sehen wir bereits die Herausforderung in Deutschland, denn nicht jede Familie ist in der Lage, den Umgang mit den digitalen Medien zu unterstützen und zu begleiten. Hinzu kommt, dass in vielen deutschen Schulen nach wie vor andere Mängel, wie renovierungsbedürftige Gebäude etc., zu beseitigen wären.

In einer Onlineumfrage mit 174 Schulen zeigt sich deutlich, dass wir in Deutschland noch Nachholbedarf haben. Laut GEW gelten 33 Prozent der befragten Schulen als digitale Nachzügler.[34]

Das Bundesministerium für Bildung und Forschung schreibt in seinem Fortschrittsbericht, dass im *DigitalPakt Schule 2019-2022* mehr als drei Milliarden Euro bewilligt wurden.[35]

„Die bessere digitale Ausstattung der Schulen ist das wichtigste Ziel im DigitalPakt Schule und wird von Bund, Ländern und Schulträgern konsequent verfolgt."[36]

So geht es vor allem auch um Geräte für Schüler und Lehrkräfte, aber auch um Projekte, die im Zuge der Digitalisierung bewilligt werden.

Es gibt hier sicher noch viel zu tun. Vor allem sollten wir nicht aus dem Blick verlieren, dass eine „echte" Begegnung niemals die digitale ersetzen kann. Und so ist auch das wirkliche Lernen mit einer physischen Zusammenkunft von Lehrenden und Lernenden ein nicht zu unterschätzender positiver Verstärker.

Schauen wir mit einem „yogischen" Blick auf das Thema, so sollte es ein Sowohl-als-auch sein. Nutzen wir die positiven Möglichkeiten, die uns die Digitalisierung bietet, aber eben auch mit einem achtsamen und sorgfältigen Umgang.

Wie gutes Lernen gelingen kann, hat der neuseeländische Pädagoge und Professor für Erziehungswissenschaften, John Hattie (*1950), in einer großen Untersuchung zeigen können. Auch zum Thema Digitalisierung findet sich hier etwas. Hier ein Zitat aus einem Text von Dr. Rudolf Meraner, Leiter des Bereiches Innovation und Beratung am Pädagogischen Institut in Südtirol, der sich tief greifend mit John Hattie beschäftigt hat.

34 https://de.statista.com/statistik/daten/studie/1266786/umfrage/digitale-infrastruktur-an-deutschen-schulen/

35 https://www.digitalpaktschule.de/

36 https://www.digitalpaktschule.de/de/die-finanzen-im-digitalpakt-schule-1763.html

„Computer werden im Unterricht effektiv genutzt,

a) wenn es eine Vielzahl an Lehrstrategien gibt,
b) wenn es [für die Lehrpersonen] ein Vortraining für die Nutzung von Computern als Lehr- und Lernwerkzeug gibt,
c) wenn es multiple Lerngelegenheiten gibt (z. B. bewusstes Üben, zunehmende aktive Lernzeit),
d) wenn die Lernenden und nicht die Lehrperson ‚Kontrolle' über [die Rahmenbedingungen] des Lernens ausüben,
e) wenn Peer-Lernen [am besten in Zweiergruppen] optimiert wird und
f) wenn das Feedback optimiert wird" (S. 261)[37].

Er weist darauf hin, dass diese Schlussfolgerungen weitgehend identisch sind mit den Schlussfolgerungen, die er generell zum Lernen gezogen hat. Und er weist wiederum darauf hin, wie wichtig das Üben und das Wiederholen ist, das heutzutage aber sehr oft vernachlässigt wird."[38]

Im Hinblick auf die Hattie-Studie ist es für uns sinnvoll, rhythmisiertes Üben, Selbstreflexion zu üben und dies an die Schüler auch konkret zurückzugeben mit einem guten Schüler-Lehrer-Verhältnis bietet dies die eine Möglichkeit, wie das vorgestellte Programm in den Schulalltag zu implementieren ist.

37 Hattie, J. (2013). *Lernen sichtbar machen für Lehrpersonen*. Überarbeitete deutschsprachige Ausgabe von *Visible Learning*. Baltmannsweiler: Schneider Verlag Hohengehren.

38 https://visible-learning.org/wp-content/uploads/2014/08/Rudolf-Meraner-Ueberblich-zur-Hattie-Studie-Visible-Learning.pdf

4

Pandemie

4.1 Pandemie, Homeschooling und die Auswirkungen

Dass die Jahre der Coronapandemie 2020-2022 eine große Herausforderung für uns alle waren, ist sicherlich unbestritten.

Ja, auch für uns Lehrkräfte war dies eine besondere Zeit, niemand hatte bislang solch ein Szenario erlebt und somit hatten wir auch keinerlei Ressourcen oder bestehende, funktionale Tools, um mit so einer Situation umzugehen. Kurzum, sicher waren wir alle damit völlig überfordert.

Nun ist es aber so, dass wir als Lehrkräfte erwachsene Menschen sind und in der Regel schon über ein gewisses Maß an Lebenserfahrung und Selbstregulation in Bezug auf das Meistern von herausfordernden Situationen verfügen.

Anders unsere Schüler. Je jünger, desto weniger Ressourcen und selbstregulative Fähigkeiten sind vorhanden. Zudem kommt ein weiterer wichtiger Faktor hinzu und das ist der Faktor Zeit.

Drei Jahre sind kein Pappenstiel, auch für uns Erwachsene nicht. Was sind jedoch drei Jahre bzw. 36 Monate für ein Kind, einen Jugendlichen? Gemessen am Lebensalter, sieht das Ganze da noch etwas drastischer aus: Für einen heute Sechsjährigen sprechen wir über die Hälfte seines Lebens, für einen 12-Jährigen immerhin über ein Viertel . . .

Machen wir uns das bewusst, vor allem im Hinblick auf die Entwicklung auf physischer als auch psychischer Ebene entsteht da ein Bild, das uns deutlich macht, was da möglicherweise in den nächsten Jahren noch alles auf uns zukommt. Denn diesen Kindern und Jugendlichen fehlen, aufgrund der getroffenen Maßnahmen zur Eindämmung der Pandemie, Erfahrungen und Erlebnissen, die sich nicht einfach so zurückholen lassen. Im Gegenteil.

Sie mussten über einen durchaus langen Zeitraum eine Frustration vieler Bedürfnisse erleben, sowohl auf sozioemotionaler Ebene als auch auf der Ebene des Lernens und Entwickelns. Und da wir Erwachsene auch überfordert waren mit dieser neuen Situation, konnten wir wahrscheinlich auch nicht immer angemessen auf diese Frustrationen reagieren.

In verschiedenen Untersuchungen der DAK zeigt sich Bedenkliches, nicht nur, dass sich die Zahl der Depressionen signifikant im Kinder- und Jugendbereich erhöht hat, auch die Verschreibung von Antidepressiva bei jugendlichen Mädchen hat stark zugenommen. Außerdem seien vermehrt Essstörungen und die Neigung zu Adipositas bereits im Grundschulalter zu verzeichnen.[39]

39 https://www.dak.de/dak/bundesthemen/pandemie-und-psyche-mehr-antidepressiva-fuer-maedchen-2572042.html#/

Ähnliches berichtet auch die AOK. Auch hier lässt sich ein Anstieg von depressiven Verstimmungen, Bewegungsmangel und Kontaktarmut verzeichnen.[40]

Die *COPSY-Studie* (Corona und Psyche) des Universitätsklinikums Hamburg-Eppendorf (UKE) ist bundesweit die erste, sowie international eine der wenigen Längsschnittstudien ihrer Art. In einer zweiten Befragungsrunde kam sie zu dem Ergebnis, dass bundesweit fast jedes dritte Kind ein Jahr nach Pandemiebeginn unter psychischen Auffälligkeiten leidet.

„Unsere Ergebnisse zeigen erneut: Wer vor der Pandemie gut dastand, Strukturen erlernt hat und sich in seiner Familie wohl und gut aufgehoben fühlt, wird auch gut durch die Pandemie kommen. Wir brauchen aber verlässlichere Konzepte, um insbesondere Kinder aus Risikofamilien zu unterstützen und ihre seelische Gesundheit zu stärken. Hier sind auch die Schulen gefragt, regelmäßig Kontakt zu ihren Schülerinnen und Schülern zu halten und ihnen dadurch Wertschätzung und Aufmerksamkeit entgegenzubringen. Sonst besteht die Gefahr, dass vor allem Kinder aus Risikofamilien ihre Motivation und Lernfreude verlieren. Aber auch insgesamt müssen wir die seelischen Belastungen und Bedürfnisse von Familien und Kindern während der Pandemie und während eines Lockdowns stärker berücksichtigen", sagt Prof. Dr. Ulrike Ravens-Sieberer, Leiterin der *COPSY-Studie* und Forschungsdirektorin der Klinik und Poliklinik für Kinder- und Jugendpsychiatrie, -psychotherapie und -psychosomatik des UKE.[41]

Das Thema Homeschooling hat sicherlich zwei Seiten (s. auch Kap. 3). Wir konnten Schüler erleben, für die dieses Modell durchaus ein passendes war und vielleicht sogar weiterhin wäre, aber ein durchaus großer Teil hatte viel Mühe mit dieser Form des neuen Lernens. Hinzu kommt hier natürlich auch die Kluft, die deutlich hervortrat, ob die nötigen Geräte, Voraussetzungen, Unterstützung im Haushalt vorhanden waren.

„Mit Blick auf die Pandemie-Situation beschreiben so gut wie alle Studien eine deutliche Reduzierung der aktiven Lernzeit: Schüler und Schülerinnen verbrachten im Durchschnitt während des Distanzlernens im 1. Lockdown der Pandemie (Frühjahr 2020) - je nach Studie - 2,7 bis 5 Stunden pro Tag mit schulbezogenen Aktivitäten. [. . . .] Verschiedene Studien kommen zu dem Ergebnis, dass zwischen 23 Prozent und 57 Prozent der Schüler und Schülerinnen in den Distanzphasen weniger als 2 Stunden pro Tag für die Schule aufwandten. [. . . .] Auch für den 2. Lockdown (Dezember 2020 bis Frühling 2021) war eine Reduktion der individuellen Lernzeit festzustellen. [. . . .]"[42]

40 https://aok-bw-presse.de/ressorts/lesen/pandemie-belastet-junge-menschen.html

41 https://www.uke.de/allgemein/presse/pressemitteilungen/detailseite_104081.html

42 https://www.leopoldina.org/uploads/tx_leopublication/2021_Corona_Kinder_und_Jugendliche.pdf

Nun haben wir diese Situation erlebt und es geht nicht darum, diese nun zu beklagen. Es ist geschehen und sicherlich hat sich jeder von uns das anders gewünscht. Jedoch gilt es, gerade auch für uns Lehrkräfte, dies im Blick zu haben, auch im Hinblick auf die Stärkung der eigenen Ressourcen und Resilienz. Lernen ist nur möglich, wenn wir uns sicher fühlen.

So macht es durchaus sehr viel Sinn, den Schülern nun einige Methoden und Möglichkeiten an die Hand zu geben, die es ihnen ermöglichen, selbstregulativ und resilient mit künftigen Herausforderungen umzugehen. Denn eines ist sicher: Wir werden immer wieder Veränderungen erleben und somit auch herausfordernde Situationen. Die Frage ist, haben wir die Fähigkeiten erworben, mit ihnen umzugehen.

5

Werte

Auch als Schule sollten wir uns immer die Frage stellen, welche Werte wir vermitteln wollen.

◊ Wofür stehen wir?

◊ Was möchten wir den jungen Menschen mitgeben auf ihrem Weg?

◊ Wie entsteht soziales Miteinander und auf dieser Basis auch konstruktiver und wertschätzender Austausch?

Sicherlich gibt es allgemeingültige Werte, über die wir uns gesamtgesellschaftlich, aber auch in Bildungseinrichtungen und Institutionen verständigt haben. Neben dem humanistischen Menschenbild seien hier Gewaltfreiheit (in Worten und Taten) sowie die Partizipation erwähnt. Zudem bringt jeder Einzelne von uns auch seine eigenen Wertvorstellungen, Prägungen, Meinungen mit.

Kinder lernen am Modell und oftmals mehr an dem, was „zwischen den Zeilen" kommuniziert wird.

Wir tun also gut daran, uns auch immer wieder unserer eigenen Werte bewusst zu sein und diese auch zu überprüfen, denn auch Werte ändern sich mitunter im Laufe des Lebens.

Auch in der Yogaphilosophie gibt es so etwas wie Werte. Diese finden sich unter anderem in einer sehr alten Schrift namens *Yoga Sutra*, welche auf den Gelehrten Patañjali zurückgeführt wird.

Er postuliert in seinem Text die sogenannten *Yamas* und *Niyamas*.

Zu den Yamas, die wir als den Umgang mit der Welt übersetzen können, gehören:

◊ *Ahimsa* (Gewaltlosigkeit): Hier ist nicht nur die körperliche Gewaltlosigkeit gemeint. Es meint ebenso die Gewaltlosigkeit in Sprache, Körperhaltung, Taten und Gedanken.

◊ *Satya* (Wahrhaftigkeit): Wahrhaftig zu sein, ist sicherlich einfacher gesagt, als getan. Denn hier fließt sofort auch wieder die Gewaltlosigkeit mit ein. Sagen wir immer, was wir denken, ist die Wahrscheinlichkeit groß, andere Menschen mit dem Gesagten zu verletzen. Eine hilfreiche Frage kann hier sein: „Ist das, was ich sagen möchte, für mein Gegenüber hilfreich?"

◊ *Asteya* (nicht stehlen): Hiermit ist nicht nur das faktische (materielle) Stehlen gemeint, sondern beispielsweise auch das Stehlen von Zeit, Gedankengut etc.

◊ *Brahmacharyia* (Mäßigung): Wir leben in einer Welt des Überflusses. So betrifft es die Mäßigung in vielerlei Bereichen. Was brauche ich wirklich und auf was kann ich verzichten?

◊ *Aparigraha* (nicht anhaften): Aparigraha passt recht gut zu Brahmacharyia, denn Maß zu halten, bedeutet auch, sich von manchen Dingen zu lösen. Dies können auch alte Glaubenssätze, Muster etc. sein.

Zu den Niyamas, den Empfehlungen im Umgang mit uns selbst, gehören:

◊ *Shauca* (Reinheit, Sauberkeit): Gemeint ist hier nicht nur die Sauberkeit auf der ganz praktischen körperlichen Ebene, sondern auch die „Sauberkeit" in unserem Kopf. Es macht einen Unterschied, was und wie wir denken.

◊ *Santosha* (Zufriedenheit): Manchmal entsteht der Eindruck, dass wir in einer Gesellschaft des Mangeldenkens leben. Gehen wir abends schlafen, haben wir nicht genug gearbeitet oder dies und jenes nicht geschafft. Stehen wir morgens auf, dann haben wir meist nicht genug geschlafen. Es scheint, als würden wir vor allem das Defizitäre, den Mangel, wahrnehmen. Dies lässt sich zwar hirnphysiologisch erklären, ist aber ebenso veränderbar.

◊ *Tapas* (Selbstdisziplin): Wenn wir etwas erreichen möchten, benötigen wir Selbstdisziplin. Beim Lernen genauso wie bei Dingen, die wir verändern möchten. Wir schaffen nichts Neues und lernen nicht innerhalb von Minuten: Dinge brauchen Zeit.

◊ *Svadhyaya* (Selbstreflexion): Manchmal hören wir Dinge, wie: „Ich weiß auch nicht, warum immer mir das passiert." Oder Ähnliches. Sich selbst zu hinterfragen und zu reflektieren, ist ein wesentlicher Teil, vor allem, wenn wir mit Menschen arbeiten.
Was triggert mich?
Warum triggert mich etwas?
Wer triggert mich?
Diese Fragen können hilfreich sein, um die eigenen Bedürfnisse besser wahrzunehmen und gegebenenfalls auch alte Muster aufzuweichen.

◊ *Ishvara Pranidhana* (Vertrauen): Drei Jahre Pandemie, Krieg in Europa und vieles mehr belastet uns, sowie die Welt, in der wir leben. Da kann man schon bisweilen das Zutrauen verlieren. Doch hier üben wir uns darin, dass wir darauf vertrauen, dass es immer weitergehen wird. Und bislang war das ja auch der Fall, sonst gäbe es die Menschheit schon lange nicht mehr . . .

So können diese „yogischen Werte" auch spannend für den Unterricht sein, um sich über die eigenen Werte und auch Bedürfnisse auszutauschen. Durch Austausch können wir dazu beitragen, uns besser zu verstehen, was wiederum wieder Konflikte vermeiden kann. Es lohnt sich also durchaus, auch dieses Thema immer mal wieder in die Überlegungen mit einzubeziehen.

Lassen Sie sich auch einmal auf eine kleine Diskussionsrunde ein. Wir haben beide erlebt, dass unsere Kinder und Jugendlichen durchaus ein großes Interesse an Austausch und auch Gemeinschaft haben!

6

Inklusion

Dieses Buch ist ein inklusives, das heißt, das hier vorgestellte Programm soll allen Schülern zugänglich sein.

Wir haben dafür Übungen gewählt, die leicht anzuleiten und ebenso leicht zu modifizieren sind, sodass sie sich an den Menschen anpassen können. Denn das ist unter anderem eine Kernidee des Yoga. Krishnamacharya (1888-1989), der auch als Vater des modernen Yoga bezeichnet wird, hat diesen inklusiven Gedanken in einem bekannten Satz geprägt: „Nicht der Mensch muss sich dem Yoga anpassen, sondern das Yoga dem Menschen."

Gehen wir von einer holistischen sowie humanistischen Sicht auf den Menschen aus, so sollte sich immer die Frage nach dem Bedarf des jeweiligen Menschen stellen. Im schulischen Kontext ist dies zuweilen eine Herausforderung, denn je mehr Menschen in einer Gruppe zusammenkommen, desto unterschiedlicher sind auch die Bedürfnisse. Eine Kunst und manchmal auch ein Akt der Balance für uns Lehrkräfte.

Inklusion ist ein Wort, das heute vielfach genutzt wird und doch vereinzelt in unterschiedlichen Kontexten. Für unser Verständnis bedeutet Inklusion, dass eine Gesellschaft nur dann vollständig ist, wenn alle an ihr teilhaben. Es geht nicht darum, „andere" zu integrieren, denn das wäre, wie das Wort schon sagt, Integration. Wie Inklusion auch in der Schule gelingen kann und welche Anforderungen es hierfür benötigt, lässt sich auf der Seite der *Aktion Mensch*[43] nachlesen. Hier findet sich auch die eine oder andere Anregung.

Scheuen Sie sich also nicht, die Übungen zu vereinfachen. In der Regel haben wir selbst gute Ideen, wie die Dinge vereinfacht werden können, auch auf verbaler Ebene. Denn dies ist ein wichtiger Faktor im inklusiven Arbeiten: Die Sprache sollte einfach und leicht verständlich sein.

Zudem sind viele Kinder und Jugendliche mit Behinderungen oder sozioemotionalen Herausforderungen sehr visuell, das heißt, das Lernen funktioniert nicht über den Hörsinn als Hauptkanal. Dies wiederum erfordert es, dass wir als Lehrkräfte die Übungen mit- oder zumindest vormachen, um Orientierung zu bieten. Zudem fungieren wir als Vorbild, was wiederum auch ein ganzheitliches Lernen anregt.

Seit 1994 finden wir folgenden Artikel in unserem Grundgesetz:

„Niemand darf wegen seiner Behinderung benachteiligt werden" (Artikel 3, Grundgesetz)[44].

So sollte doch vor allem auch der Bildungsraum Schule hier mit gutem Beispiel vorangehen und dazu beitragen, dass jeder Mensch in seinen einzigartigen Fähig- und Fertigkeiten gesehen und angenommen wird. So tragen wir zu einer Gesellschaft bei, die das lebt und lehrt, was für uns Menschen selbstverständlich sein sollte: Jeder ist ein wichtiger Teil und gehört dazu.

43 https://www.aktion-mensch.de/inklusion/bildung

44 https://www.bundestag.de/gg/grundrechte

7

Entwicklung auf hirnphysiologischer Ebene

Wir Menschen sind nicht alle gleich, jedoch sei vorweggeschickt, dass wir alle Menschen, welchen Alters, Entwicklungsstands, Bildungsgrades, Hautfarbe, Glaubens etc. auch immer, als gleichwertig betrachten.

Diese Sicht auf den Menschen erschließt sich aus unserer Arbeit als Pädagogen und ist gleichwohl auch einer der wesentlichen Werte im Yoga.

Um zu verdeutlichen, warum eine eigene Praxis sowie das hier vorgestellte Programm eine sinnvolle Ergänzung und Unterstützung im Heranwachsen ist, wollen wir einen kurzen Blick auf die Entwicklung, vor allem unseres Gehirns, werfen.

Unser Gehirn ist einzigartig, ist es doch genau an unseren individuellen Körper angepasst und mit ihm verbunden. Es lässt uns lernen, denken, uns bewegen und steuert, meist zuverlässig, unsere Körperfunktionen, sowie die Regulation dieser.

Dass unser Gehirn ein Meister des Lernens ist, sehen wir vor allem in den ersten Lebensjahren, in denen wir Menschen alles aufsaugen, was wir an Lernerfahrungen (an-)geboten bekommen, jedoch mit der Einschränkung, dass wir hierbei nicht in der Lage sind, zu unterscheiden, ob sie für uns auf Dauer wohltuend sind oder nicht.

Wir bewerten Erfahrungen als funktional, wenn sie uns in irgendeiner Form hilfreich sind, dazu gehört auch, dass wir unsere Eltern (Versorger) lieben, auch wenn sie möglicherweise nicht liebevoll und achtsam mit uns umgehen. Denn unbewusst wissen wir genau, dass wir auf sie angewiesen sind, denn ein Kind ist noch nicht in der Lage, sich selbstständig zu versorgen.

Im Laufe unseres Heranwachsens durchläuft unsere Entwicklung verschiedene Stadien, hier gibt es diverse Konzepte und Modelle, wie Piaget, Erikson, Montessori und andere, die sich eingehend damit beschäftigt haben. An dieser Stelle seien die Namen nur kurz erwähnt, denn dies alles hier auszuführen, würde den Rahmen dieses Buchs sprengen und ist sicher auch den meisten, zumindest im Ansatz, bekannt.

In erster Linie möchte unser Gehirn Homöostase herstellen und mit möglichst wenig Aufwand möglichst viel Leistung erbringen. Dies ist mit ein Grund, warum mit Beginn der Pubertät etwas Schwerwiegendes geschieht. Unser Gehirn wird nämlich komplett neu strukturiert. Dieser Umbau beginnt in den ältesten Regionen und arbeitet sich so von hinten nach vorne durch.

Erst zum Ende der Adoleszenz (also grob gesagt zwischen 21 und 25 Jahren) endet dieser Prozess mit dem „Anschluss" des präfrontalen Kortex (zuständig für Planung, Organisation, Steuerung exekutiver Funktionen und unser Arbeitsgedächtnis[45]) an unsere Amygdala (Teil des limbischen Systems, beeinflusst Emotionen und Erinnerungen[46]).

45 https://www.dasgehirn.info/grundlagen/anatomie/der-frontallappen

46 https://www.dasgehirn.info/grundlagen/anatomie/die-amygdala

Ein wichtiger Teil ist unser vegetatives Nervensystem (VNS). Es steuert zum Großteil unsere (lebenswichtigen) Körperfunktionen. Teil des VNS sind der Sympathikus und der Parasympathikus. Diese beiden sind sogenannte *Gegenspieler* und steuern einen Teil der Körperfunktionen.

Der Ursprung beider Systeme liegt im Gehirn. Der **Sympathikus** ist unser Aktivator, er lässt uns in Aktion kommen und ist unser sogenanntes *Fight-or-Flight-System*. Wird er aktiviert, passieren automatisch einige Dinge in unserem Körper: Unser Herz schlägt schneller, die Verdauung wird gehemmt, die Atemwege weiten sich, die Pupillen vergrößern sich, der Tonus der glatten Muskulatur wird gesteigert und Stresshormone (Adrenalin, Noradrenalin und Cortisol) werden ausgeschüttet. Er bereitet unseren Körper sozusagen darauf vor, körperliche und geistige Leistungen zu erbringen.

Das Besondere an diesem System ist, dass es keine halben Sachen macht. Geraten wir in Stress, gibt es nur ganz oder gar nicht, was auch bedeutet, dass unser Körper jedes Mal zu Kampf und Flucht bereit ist, selbst wenn das vielleicht augenscheinlich nicht vonnöten ist.

Das sympathische System funktioniert von Beginn an zuverlässig und lässt uns als Baby z. B. auch unsere Bedürfnisse in Form von Schreien unseren Eltern (Bindungspartnern) mitteilen.

Der Gegenspieler hierzu ist der **Parasympathikus**. Ihn benötigen wir für unsere Ruhe und Regeneration *(Rest and Digest)*. Wird das parasympathische System aktiviert, verlangsamt sich unser Herzschlag, die Verdauung wird aktiv (weshalb man in Entspannungssituationen häufig Darmgeräusche wahrnehmen kann), der Atem wird tiefer, die Pupillen werden kleiner, Entspannung tritt ein.

Ein wichtiger Bestandteil dieses Systems ist der **Vagusnerv**, auch zehnter Hirnnerv oder umherschweifender Nerv genannt. Er ist für die Regulation von Entspannung und Ruhe zuständig und quasi die Schaltstelle zwischen unserem Gehirn und unseren inneren Organen. Die Aktivierung unseres Vagus ist etwas, das wir üben und trainieren können und das im besten Fall schon von Beginn an.

Ist unser Sympathikus aktiv, etwa am Beispiel des schreienden Babys, das gerade Hunger hat, dann benötigen wir zu Beginn Hilfe bei der Regulation, das heißt, unsere Mama/Papa redet beruhigend mit uns, gibt uns etwas zu essen und hilft uns durch diese beruhigende Handlung, unseren Parasympathikus zu aktivieren. Je öfter das geschieht, desto besser lernen wir diese Form der Selbstregulation.

Im besten Fall benötigen wir dann im Falle eines frustrierten Bedürfnisses irgendwann niemanden mehr von außen, der uns unterstützt. Und eben das ist für uns auch im Kontext Schule wichtig: Kinder lernen am Modell und eben auch in der Schulung ihrer selbstregulativen Fähigkeiten den Umgang mit Emotionen, Stressregulation etc.

Deshalb sind einfache Übungen, wie wir sie hier vorstellen, so wirkungsvoll und nachhaltig. Sozusagen fürs Leben lernen.

Eine wichtige Sache sei noch erwähnt: Wir können nur dann wirklich gut lernen, wenn wir uns sicher fühlen. Deshalb ist, neben einem sicheren Rahmen im Unterricht, auch dieser Faktor, nämlich selbstsicher zu werden, ein wesentlicher im Heranwachsen!

7.1 Übung zur Aktivierung des Vagusnervs

Quadratatmung oder Box-Breathing:
Zur Vereinfachung können Sie sich eine Box vorstellen, die sie beim Einatmen anfüllen und die ausatmend wieder zusammenfällt. Alle Atemabschnitte werden auf den Zähler 4 ausgeführt. Das können vier Sekunden sein, wenn Ihnen aber ein anderer Zählrhythmus angenehmer ist, nutzen Sie diesen.

- ◊ *Atmen Sie ein und zählen Sie bis 4.*
- ◊ *Halten Sie die Luft an, ebenfalls bis 4 zählen.*
- ◊ *Atmen Sie auf 4 aus.*
- ◊ *Bleiben Sie „leer" (ausgeatmet) und zählen Sie bis 4.*

Wirkung: Durch das tiefe Atmen werden die Drucksinneszellen an unseren Gefäßwänden stimuliert, dies stimuliert wiederum den Vagusnerv. Blutdruck und Herzfrequenz werden gesenkt, Angst und Stress werden reduziert.

8

Resilienz, Salutogenese, Gesundheit

8.1 Resilienz

Das Wort **Resilienz** stammt vom lateinischen Wort *resilire* und bedeutet so viel wie zurückspringen oder abprallen. Oft wird es auch mit dem Wort der Widerstandsfähigkeit übersetzt. So meint es nicht nur das Überstehen bzw. den Umgang mit Herausforderungen, sondern auch das Zurückkehrenkönnen in einen Zustand der Ruhe und Ausgeglichenheit.

„Wenn alles gegen dich zu laufen scheint, erinnere dich daran, dass das Flugzeug gegen den Wind abhebt, nicht mit ihm" *Henri Ford (1863-1947, amerikanischer Erfinder).*

Warum es Menschen gibt, die über eine höhere Widerstandsfähigkeit als andere verfügen, wird seit vielen Jahren untersucht. In Deutschland vor allem auch am Leibniz-Institut für Resilienzforschung (LIR), das es seit 2014 an der Universität Mainz gibt. Hier wird in einem multiprofessionellen Team aus Psychologen, Soziologen und Neurowissenschaftlern gemeinsam Forschung betrieben, um herauszufinden, wie wir mit dem immer größer werdenden Leistungsdruck und Stress in unserer Gesellschaft umgehen können.

Hier sei die Studie von Emmy Werner genannt, die an 700 Hawaiianern, die sie über 40 Jahre begleitete, zeigen konnte, wie Menschen, trotz herausfordernder Lebensbedingungen, eine hohe Widerstandsfähigkeit entwickeln konnten.

„Als entscheidende Schlüssel werden Akzeptanz, Optimismus, Selbstwirksamkeit, Verantwortung, Netzwerkorientierung, Lösungsorientierung und Zukunftsorientierung genannt."[47]

Diese Prägungen finden zum großen Teil in Kindheit und Jugend statt, weshalb wir als Lehrer und Begleiter hier ebenso eine wichtige Rolle einnehmen.

Abschließend seien noch die *sieben Säulen der Resilienz* erwähnt. Dieses Modell geht auf die Psychologin Ursula Nuber zurück und enthält folgende Aspekte:

1. Optimismus,
2. Akzeptanz,
3. Lösungsorientierung,
4. die Opferrolle verlassen,
5. Verantwortung übernehmen,
6. Netzwerkorientierung und
7. Zukunftsplanung.

47 Heller, J. (2013): *Resilienz* (3. Auflage, S. 9). München: Gräfe und Unzer Verlag.

Wie wir sehen, sind die Ergebnisse von Werner und Nuber zum größten Teil deckungsgleich. Wir können also festhalten, dass Resilienz gestärkt werden kann und dies sollte ebenfalls Teil unseres Auftrags in der formellen Bildung sein.

8.2 Salutogenese

Der Begriff der **Salutogenese** ist zurückzuführen auf den Soziologen Antonovsky (1997). Er definiert diesen Begriff nicht allein als Abwesenheit von Krankheit oder den Zustand eines passiven Gleichgewichts, sondern als ein aktives und dynamisches System, welches sich selbst reguliert, aber auch einer gewissen Labilität unterliegt.

Das Modell der Salutogenese ist dem der Resilienz ähnlich, denn auch hier wird die Frage gestellt, wie schaffen es manche Menschen, trotz schwerer Erkrankung, wieder gesund zu werden oder auch warum werden sie gar nicht erst krank. Es geht also auch hier um eine Form der Widerstandsfähigkeit und um die Frage, was es braucht, um diese zu erhöhen.

„Es ist vermutlich besser, sich auf das zu konzentrieren, was den Menschen gesund erhält, als immense Mittel für die Erforschung seiner Krankheiten auszugeben" (Aaron Antonovsky).[48]

8.3 Gesundheit

Der Begriff der **Gesundheit** wird, je nach Fakultät, mit unterschiedlichen Schwerpunkten definiert. Wobei hier direkt anzumerken ist, dass Gesundheit durchaus ein sehr subjektives Empfinden ist.

Die Definition der Weltgesundheitsorganisation (WHO) lautet wie folgt:

„Die Gesundheit ist ein Zustand des vollständigen körperlichen, geistigen und sozialen Wohlergehens und nicht nur das Fehlen von Krankheit oder Gebrechen."[49]

48 https://gutezitate.com/autor/aaron-antonovsky

49 https://fedlex.data.admin.ch/filestore/fedlex.data.admin.ch/eli/cc/1948/1015_1002_976/20200706/de/pdf-a/fedlex-data-admin-ch-eli-cc-1948-1015_1002_976-20200706-de-pdf-a.pdf

Schauen wir in die Entwicklungspsychologie, so liegt hier der Schwerpunkt in der Gesundheitsdefinition von Kindern und Jugendlichen. In Deutschland gibt es seit 2007 den sogenannten *KiGGs: Kinder und Jugendgesundheitssurvey*. Hier werden belastbare Daten erhoben über die Einschätzung von Gesundheit der Kinder und Jugendlichen selbst, sowie in Bezug auf deren Eltern.

„Tragische Kindheitserfahrungen sind die häufigste unbeachtete Krankheitsursache, mit der unsere Nation heute konfrontiert ist" (Dr. Robert Block, ehemaliger Präsident der Amerikanischen Akademie der Kinderärzte).[50]

50 https://www.kamphausen.media/zitate-gesundheit-sprucche-zum-nachdenken/b-278

9

Einführung in das 4-Wochen-Programm

9.1 Das 4-Wochen-Programm in der Grund- oder Förderschule einführen

Ich bin toll, so, wie ich bin!

Nutzen Sie für die Einführung des 4-Wochen-Programms in der Grund- und Förderschule am besten den Morgenkreis. Für die jüngeren Schüler oder auch für Schüler mit erhöhtem Förderbedarf, ist es sinnvoll, das Programm in einfacher Sprache auszudrücken. Vielleicht malen Sie auch etwas Passendes an die Tafel oder nutzen Sie Piktogramme.

Da ein wesentlicher Teil des Programms die Stärkung der Resilienzfähigkeit beinhaltet, passt ein Satz wie: Ich bin toll, so, wie ich bin!

Denn wir wollen vor allem die Selbstregulation stärken und dazu gehört, dass sich die Schüler als gut und richtig empfinden und nicht den Eindruck erlangen, dass etwas an ihnen verändert werden müsse.

Je nach Alter können Sie vielleicht miteinander ins Gespräch darüber kommen, was die Schüler über sich selbst sagen, welche Stärken sie haben und ihnen dann auch die Information an die Hand geben, dass nun für den Schulalltag noch ein paar Ideen dazukommen werden, wie sie gut mit herausfordernden Situationen umgehen können.

Wir haben gute Erfahrungen damit gemacht, die Schüler auf ihre eigenen Bedürfnisse in der speziellen Situation Schule hinzuweisen und empfehlen, folgende Informationen an die Schüler weiterzugeben:

In der Schule sind wir alle zusammen: Wir sind so viele verschiedene Leute und wir brauchen eine gute Situation für uns alle. Wenn wir uns gerade nicht glücklich fühlen, können wir uns darin unterstützen, wieder glücklich zu sein. Wo keine Kraft ist, müssen wir uns welche holen. Wo keine Ruhe um uns herum ist, sorgen wir für Ruhe in uns selbst.

Wir haben dazu Übungen für euch und ihr könnt während dieser Übungen euch selbst beobachten, ob ihr in der Lage seid, zu spüren, wie diese Übungen euch helfen und unterstützen können. Wir können natürlich gewisse Dinge in der Schule nicht ändern, aber mit vielen Dingen können wir lernen, besser zurechtzukommen. Manche können wir sogar für uns nutzen.

Wir werden verschiedene Übungen kennenlernen: Diese Yoga-, Atem- und Achtsamkeitsübungen machen uns stark und helfen uns, über unangenehme Momente und Lebensphasen mit eigener Kraft hinwegzukommen. Diesen Weg werden wir gemeinsam die nächsten vier Wochen beschreiten.

Tipp

Informieren Sie Ihre Kollegen über das 4-Wochen-Programm.

◊ Vielleicht lassen sich die Kollegen von Ihrem Engagement anstecken?

Erstellen Sie von den Übungen der jeweiligen Woche eine große Fotokopie mit Anleitung und Foto.

Informieren Sie die Eltern mithilfe des Elternbriefs über Ihr Vorhaben.

9.2 Das 4-Wochen-Programm in der weiterführenden Schule einführen

Den Tag besser erleben: Jeder Tag ist dein Tag!

Nutzen Sie für die Einführung des 4-Wochen-Programms in der weiterführenden Schule am besten eine Klassenstunde oder Ähnliches und schreiben Sie den Titel: *Den Tag besser erleben: Jeder Tag ist dein Tag!*, an die Tafel.

Vielleicht haben Ihre Schüler sofort die ersten Assoziationen und berichten von Möglichkeiten, jeden Tag zum eigenen Tag zu machen. Andernfalls fragen Sie die Bedürfnisse der Schüler mittels einer Kartenabfrage ab und lassen Sie die Ergebnisse clustern. In einem nächsten Schritt bitten Sie die Schüler, schon bekannte Strategien zu notieren und den Bedürfnissen zuzuordnen.

Wir haben gute Erfahrungen damit gemacht, die Schüler auf ihre eigenen Bedürfnisse in der speziellen Situation Schule hinzuweisen und empfehlen, folgende Informationen an die Schüler weiterzugeben:

In der Schule sind wir alle zusammen: Wir sind so viele verschiedene Leute und wir brauchen eine gute Situation für uns alle. Wo kein Glück ist, müssen wir es uns schaffen. Wo keine Kraft ist, müssen wir uns welche holen. Wo keine äußere Ruhe ist, sorgen wir für innere.

Wir haben zudem konkrete Übungen und ihr könnt während dieser Übungen euch selbst beobachten, ob ihr in der Lage seid, zu spüren, wie diese Übungen euer Leben erleichtern und bereichern. Wir können natürlich gewisse Dinge in der Schule nicht ändern, aber mit vielen Dingen können wir lernen, besser zurechtzukommen.

Manche können wir sogar für uns nutzen. Wir werden verschiedene Übungen kennenlernen: Diese Yoga-, Atem- und Achtsamkeitsübungen machen uns stark und helfen uns, über unangenehme Momente und Lebensphasen mit eigener Kraft hinwegzukommen. Diesen Weg werden wir gemeinsam die nächsten vier Wochen beschreiten.

Tipp

Informieren Sie Ihre Kollegen über das 4-Wochen-Programm.

◊ Vielleicht lassen sich die Kollegen von Ihrem Engagement anstecken?

Erstellen Sie von den Übungen der jeweiligen Woche eine große Fotokopie mit Anleitung und Foto.

Informieren Sie die Eltern mithilfe des Elternbriefs über Ihr Vorhaben.

10

Programm und Wochenbeschreibung

10.1 Das 4-Wochen-Programm

Wir Menschen sind voller Botschaften füreinander. Wir können uns durch sie gegenseitig fördern und sichern. Dies gelingt umso besser, je bewusster wir uns unserer Sendung und Wirkung sind. Das 4-Wochen-Programm zielt auf die Erschaffung und Verteidigung eines lebenswerten Raums, auf ein Wohlergehen mit sich selbst und seinen Mitmenschen ab.

In einer zukunftsfähigen Schule lernen Kinder und Jugendliche, achtsam mit sich selbst, den anderen und schlussendlich der Welt umzugehen. Sie haben teil an ihrer eigenen physischen und psychischen Gesundheit und wirken mit an der Konstruktion eines vernünftigen Umgangs mit den eigenen und fremden Ressourcen.

In diesem Programm lernen Lehrkräfte und Schüler während der vier Wochen jede Woche eine Achtsamkeitsübung, eine Atemübung und eine Yogaübung kennen, die mühelos auch für Laien im Klassenraum umsetzbar sind. Die Zielsetzung ist hier der wohlwollende Blick auf den eigenen Körper.

Da in der gegenwärtigen Schulwelt der Schwerpunkt vornehmlich auf der Kognition und der Welt des Geistes liegt, besteht die Gefahr der Entfremdung von der eigenen Leiblichkeit. Um soziale Kompetenzen wie Empathie und den wertschätzenden Umgang mit anderen auszubauen, ist aber die Kenntnis des seelischen und physischen Selbst essenziell.

Zur Förderung dieser Kenntnis und ihres Wertes im Kontakt zu Mitmenschen werden die drei Übungen in jeder Woche durch eine Partnerübung ergänzt.

In einzelnen Wochen setzen wir dabei unterschiedliche Schwerpunkte:

In der ersten Woche lernen die Schüler, in ihrem Körper anzukommen. Die zweite Woche zielt auf das deutlichere Spüren des eigenen Körpers ab. So vorbereitet, kommen wir in der dritten Woche zur Betonung des Wohlbefindens im eigenen Körper. Alles führt in der vierten Woche zu einem klareren Bewusstsein für die Wichtigkeit von Akzeptanz und Selbstliebe, um den Körper zu nähren und zu feiern.

10.2 Erste Woche: Im Körper ankommen

Wir versuchen, die Gedankenlastigkeit unseres Daseins zu moderieren und der Sprache des Körpers Raum zu geben.

Die einfache Asana des *Baums* führt uns in eine Suche nach Balance, bei der wir unseren Körper und seine Reflexe dabei beobachten können, wie leicht und spielerisch er uns aufrecht hält. Auch das Bild der Verwurzelung im Boden, der Erdverbundenheit und des dennoch freien Nach-oben-Strebens bringt uns der *Baum* in Sinn und Körper.

Der Atemanker fügt ein inneres Bild hinzu. Ruhig und tief lassen wir den Atem in uns einfließen und verfolgen die Eindrücke seiner Energie und Präsenz im ganzen Körper.

Das entspannte Beobachten dieses fundamentalen Lebensvorgangs bringt uns leichter in Resonanz und Sympathie mit uns selbst.

Um nach dieser kontemplativen Betrachtung mit Leichtigkeit abzuschließen, schütteln wir uns in alle Richtungen, wie die im Wind tanzende Krone des Baumes und spielen mit allen Richtungen, in die uns Geist und Körper schicken.

10.3 Zweite Woche: Den Körper spüren

Nachdem die Schüler einen möglichen Zugang zu ihrem Körper erlebt haben, wird in dieser Woche seine intensivere und bewusstere Wahrnehmung angestrebt.

Die sehr einfache Asana *Katze-Kuh* aktiviert die Erspürung unserer Vorder- und Rückseite.

Dies klingt zunächst banal. Die dem Gesichtssinn abgewandte Seite unseres Körpers in Erinnerung zu rufen, lohnt sich jedoch. Jemandem den Rücken zu stärken, ist ja sprichwörtlich – mit der Aufmerksamkeit, die dem Rücken in dieser Übung zuteilwird, kann der Anfang zur Selbststärkung gesetzt werden.

Ein anderer Aspekt ist hier der lebenstypische Antagonismus, der sich durch unser ganzes psychisch-physiologisches Sein zieht. Er ist das Grundprinzip unserer ganzen Beweglichkeit und zeigt sich auch in unserer Rücken- und Rumpfmuskulatur, die unseren Oberkörper rundet und streckt. *Katze-Kuh* ist eine körpersprachliche Erhellung dieser wundervollen Abstimmung.

Wir nehmen an dieser Stelle die tiefe Bauchatmung ins Programm.

Sie ist die eigentliche physiologische Ruheatmung, das eigentliche Freilassen des Atems, der genau dadurch am tiefsten zu uns zurückkommt. Darin liegt das Potenzial einer enormen Sicherheitserfahrung. Der Atem geht in unser Innerstes, nimmt, was wir verbraucht haben, mit sich, löst sich von uns, schenkt uns eine kleine Ruhe und kehrt dann mit frischer Kraft zurück. Immer.

Alles geht selbstverständlich, ohne gedankliche Steuerung. Dies beobachtend geschehen lassen zu können, ohne es aus dem Takt zu bringen, bedeutet eine hohe Vertrautheit mit sich selbst, der ein tiefes Einverstandensein entspringen kann.

So eingestimmt, richten wir mit der Achtsamkeitsübung *Fünf Sinne* den Blick auf weitere Potenziale unseres Körpers.

10.4 Dritte Woche: Sich im Körper wohlfühlen

In der dritten Woche üben wir den wohlwollenden Blick auf den eigenen Körper.

Nach der Erfahrung der tiefen Bauchatmung können wir mit der Variation der Wechselatmung aktiver in den Atemzyklus einsteigen und sehen Möglichkeiten, uns je nach unserem Bedürfnis Ruhe oder Energie zu holen. Die Aktivität der Atemsteuerung bedeutet zugleich eine intensive Kommunikation mit dem eigenen Körper, die umso besser gelingt, je mehr man sich annimmt.

Dabei kann auch das Fingermantra *Ich bin bei mir* helfen: Mit jeder Silbe werden mit beiden Händen der Daumen und nacheinander die vier Fingerkuppen zusammengeführt.

Mudras sind nach yogischer Philosophie Freudebringer („mud" - Freude, „ra" - geben). Jedes Mal, wenn die Daumen mit einem der Finger für eine Sekunde einen Kreis bilden, die Stimme eine der Silben transportiert, spüren wir weiter in uns rein.

In der Partnerübung geben wir diese Freude und Verbundenheit einem Partner weiter. Uns und unseren Rücken richten wir in der Asana der *Blume* auf. Die folgende Drehung schenkt dem Rücken ein wohliges Gefühl.

10.5 Vierte Woche: Den Körper nähren und feiern

In der letzten Woche stehen die Qualitäten von Akzeptanz und Selbstliebe im Vordergrund. Die Asana des *Helden* lenkt unser Bewusstsein auf die eigene Kraft und Fähigkeiten. Ein Grund, stolz auf sich zu sein.

Mit der Gorillaatmung bereiten wir uns Freude und tun uns Gutes. Gleichzeitig spüren wir unsere Kraft und stoßen Altes und uns an unserer Entfaltung Hinderndes aus. Dies wird in der Partnerübung noch verstärkt: Gegenseitig fügen wir uns eine wohltuende Rückenmassage zu. Bei aller Losgelöstheit sorgt ein Mudra-Flow für Konzentration und Fokus.

11

Anleitung für die drei As: Asana – Atem – Achtsamkeit

11.1 Erste Woche: Im Körper ankommen

In dieser Woche geht es um das Ankommen im Körper, ihn zu spüren und wahrzunehmen. Der **Baum** ist hierfür eine bekannte Übung, um auch die Dualität von Stabilität und Leichtigkeit zu erfahren. Über den **Atemanker** lernen wir die Möglichkeit kennen, über unseren Atem Verbindung zu uns herzustellen.

Das abschließende **Schütteln** hilft beim Loslassen von Stress, Herausforderungen und unangenehmen Gefühlen. Im **Partner-Baum** erfahren die Schüler gegenseitige Unterstützung und Vertrauen. Verlässlichkeit und Gemeinschaft werden hier geschult.

Wichtig bei allen Übungen: Es darf leicht sein und die Schüler sollen sich wohlfühlen. So können Sie für zu Hause die Übung **Schütteln zu Musik** anregen, um den Schülern die Möglichkeit zu geben, zu erforschen, was und wann ihnen Übungen helfen.

ASANA: Baum Vrksasana

1. Verlagere dein Gewicht auf dein linkes Standbein und führe die rechte Fußsohle mithilfe der Hand an die Innenseite des Ober- oder Unterschenkels deines linken Beins. Bringe den Fuß nicht ans Knie! Wenn du Gleichgewichtsprobleme hast, setze die Zehenspitzen am Boden auf.
2. Öffne das Knie zur Seite. Vielleicht kannst du es bis zu 90 Grad öffnen.
3. Komme in den *Baum* und nimm die Hände vor dem Herzen zusammen und halte hier drei tiefe Atemzüge. Verwurzele dich über deine Füße in den Boden.
4. Einatmend tankst du Kraft und spürst, wie du dich im Boden verwurzelst. Ausatmend konzentrierst du dich auf das, was du kannst.
5. Hebe die Arme einatmend in einem Bogen über die Seite nach oben und senke sie ausatmend wieder. Wiederhole dies einige Male und halte die Arme dann über deinem Kopf. Wer mutig ist, schließt die Augen.
6. Setze dann den Fuß auf den Boden und wechsle die Seite.

Varianten

- Falls du deine Schuhe nicht ausziehen möchtest, kannst du auch den geflexten Fuß an den Ober- oder Unterschenkel deines Standbeins bringen.
- Falls der Klassenraum zu eng ist, führe die Arme über vorne und nicht über die Seite nach oben.

Folgende Tipps können Sie den Schülern geben

- Achte darauf, dass deine Schultern immer genügend Abstand von den Ohren haben.
- Achte darauf, dass du nicht in ein Hohlkreuz fällst und den Rücken nach oben streckst.
- Denke an eine Linie, die senkrecht durch deinen Körper läuft. Bleibe ihr nah und du kannst stehen bleiben. Verlässt du sie zu weit, fällst du um. Atme aus und gehe sanft in die Knie, wenn du aus dem Gleichgewicht kommst. Klappt das alles nicht, lege einen oder zwei Finger auf die Stuhllehne und stütze dich ab.
- Suche dir einen Punkt vor dir, auf den du ganz konzentriert schaust.
- Falls die Schüler motorische Einschränkungen haben oder der Einbeinstand noch zu herausfordernd ist, können Sie die Kinder auch anleiten, mit eng geschlossenen Füßen zu beginnen. Als nächster Schritt können die Schüler einen Fuß an den Knöchel stellen usw., um langsam die Asana aufzubauen.

Die Wirkung des Baums

Die Asana schult das Gleichgewicht und stärkt gleichzeitig die Konzentration, sodass uns sprichwörtlich nichts und niemand aus dem Gleichgewicht bringen kann. Mit dem *Baum* kommen wir zu Ruhe und Gelassenheit. Man kann den *Baum* auch gut üben, wenn man einen Ausgleich in anstrengenden Situationen benötigt: Er beruhigt den Geist und wirkt Nervosität entgegen. Manche Yogis empfinden in dieser Haltung ein Gefühl innerer Zufriedenheit.

ATEM: Atemanker

1. Setze dich auf deinen Stuhl und lege eine Hand auf den Bauch. Wenn du möchtest, schließe deine Augen.
2. **Spüre deinen Atem:** Bei der Einatmung spürst du vielleicht, dass sich dein Körper wie ein Ballon ausdehnt und einen Augenblick in der vollen Ausdehnung bleibt. Bei der Ausatmung werden Bauch und Brustkorb wieder flacher. Einen Augenblick fühlt es sich so an, als ob unser Körper ohne Luft ist, bevor die nächste Einatmung kommt.
3. **Finde deinen Atemanker:** Nimm wahr, wo du deinen Atem spüren kannst. Vielleicht am Bauch oder im Brustkorb. Kannst du deinen Atem nicht spüren, richte die Aufmerksamkeit zu den Nasenlöchern und nimm wahr, wie die Luft in dich hineinströmt und etwas erwärmt wieder ausströmt.

Variante

- ◊ Lege deine Hand auf deinen Atemanker.

Folgende Tipps können Sie den Schülern geben

- ◊ Wir können unseren Geist wie einen Muskel trainieren. Wenn du merkst, dass du von Gedanken, Gefühlen oder Empfindungen abgelenkt wirst, bringe die Aufmerksamkeit wieder zu deinem Atemanker zurück. Du wirst sehen, es wird mit der Zeit immer besser klappen.
- ◊ Du kannst den Atemanker immer wieder selbstständig üben und einsetzen, wann immer du möchtest. Nutze ihn das nächste Mal, wenn du ein unangenehmes Gefühl hast, ganz bewusst.
- ◊ Jüngeren Schülern kann es eine Hilfe sein, zu Beginn der Übung kurz eine Hand unter die Nase zu halten, um den Atem auch physisch spüren zu können, so verliert die Übung etwas von der Abstraktheit.

Die Wirkung des Atemankers

Der Atemanker lässt uns in Kontakt zu uns selbst treten. Er unterstützt uns dabei, uns auf den gegenwärtigen Moment zu konzentrieren. Unsere Empfindungen, Gedanken und Gefühle treten in den Hintergrund. Dadurch gibt uns der Atemanker Ruhe und Gelassenheit.

ACHTSAMKEIT: Schütteln

1. Stelle dich in einen bequemen Stand und lasse deine Knie weich. Wenn du möchtest, kannst du die Augen schließen.
2. Beginne nun, mit langsamen Bewegungen den Körper zu schütteln. Lasse die Bewegungen entstehen, ohne viel darüber nachzudenken.
3. Du kannst kleine Bewegungen machen. Du kannst die Bewegungen aber auch etwas größer und schneller werden lassen. So, wie es für dich gerade angenehm ist und sich gut anfühlt.
4. Vielleicht möchtest du auch Arme und Beine besonders ausschütteln.
5. Stelle dir vor, dass du alles von dir abschüttelst, was du gerade nicht mehr brauchst.
6. Beende das Schütteln langsam und spüre noch einmal kurz nach.

Folgende Tipps können Sie den Schülern geben

- ◊ Nimm die Zunge hinter die Schneidezähne. (Gerade jüngere Schüler haben in konzentrierten Momenten die Zunge häufig zwischen den Zähnen. Um Verletzungen zu vermeiden, bitte darauf achten.)
- ◊ Wer von euch schon einmal einen Hund beobachtet hat, dem ist vielleicht aufgefallen, dass Hunde sich ganz oft schütteln. Das tun sie auch, wenn sie Momente von Stress oder ein herausforderndes Erlebnis hatten, um das wieder „abzuschütteln".
- ◊ Zu Hause kannst du das auch mit deiner Lieblingsmusik machen und dich dazu ausschütteln.

Die Wirkung des Schüttelns

Schütteln ist gesund und zugleich befreiend. Belastende und herausfordernde Erlebnisse können in unserem Körper gespeichert werden, durch das Schütteln können wir Belastendes loslassen und wieder Energie erlangen.

Partnerübung: Doppelter Baum

1. Stellt euch hüftweit nebeneinander, sodass sich eure Schultern berühren. Findet einen gemeinsamen Atemrhythmus.
2. Gebt euch jeweils die innere Hand. Euer inneres Bein ist euer Standbein und ist bis auf eine Mikrobeuge gestreckt. Beugt euer äußeres Bein und bringt den Fuß je nach körperlicher Verfassung an die Innenseite von Ober- oder Unterschenkel. Nicht ans Knie.
3. Führt die äußeren Hände vor euch zusammen in die gemeinsame Grußhaltung. Atmet einige Atemzüge gemeinsam tief ein und aus.
4. Löst die Verbindung der Hände, setzt eure Füße wieder auf den Boden und wechselt die Seite.

Variante

- Falls ihr eure Schuhe nicht ausziehen möchtet, könnt ihr auch den geflexten Fuß an den Ober- oder Unterschenkel eures Standbeins bringen. Dabei können sich die Schuhsohlen berühren. Eine weitere Möglichkeit ist, den Fuß an den Knöchel zu stellen, falls die anderen Varianten zu wackelig sind.

Die Wirkung des doppelten Baums

In der Partnerübung unterstützen sich die Schüler gegenseitig darin, das Gleichgewicht zu finden und gemeinsam zu halten. Dadurch finden sie zu Ausgeglichenheit und Konzentration und erfahren das wohltuende Gefühl gegenseitigen Halts. Nichts kann sie aus dem Gleichgewicht bringen. Klar, fokussiert und bestimmt können gemeinsam wichtige Ziele angegangen werden.

Folgende Tipps können Sie den Schülern geben

- Sucht euch einen Partner, der ungefähr genauso groß ist.
- Etabliert einen gemeinsamen Atemrhythmus.
- Seid euch gegenseitig eine Stütze und gebt euch gegenseitig Halt.
- Schließt eure Augen, um euren Gleichgewichtssinn herauszufordern.

Für zu Hause: Schütteln zu Musik

1. Mache dir deine Lieblingsmusik an und schüttele, tanze, springe.
2. Was immer dir guttut. Du darfst loslassen und abschütteln, was du nicht mehr brauchst.
3. Mache das, solange du Lust hast bzw. bis du genug hast.
4. Du kannst dazu auch laut seufzen, das tut auch oft richtig gut!

11.2 Zweite Woche: Den Körper spüren

In dieser Woche begeben wir uns eine Ebene tiefer. Nachdem die Schüler in ihrem Körper angekommen sind, ihn wahrgenommen und in neuen Haltungen erlebt haben, wenden wir uns nun dem Spüren zu. Feinsinnig unseren Körper zu spüren, ist vor allem auch hilfreich, um Verspannungen wahrzunehmen und auch Momente des Unwohlseins identifizieren zu können.

Wir spüren in den Rücken und auch die Körpervorderseite in der Übung *Katze-Kuh*. In der Atemübung *Bauchatmung* spüren wir, dass der Atem eine wunderbare Möglichkeit ist, Ruhe einzuladen. Die *Achtsamkeitsübung der fünf Finger* schult sowohl Konzentrations- als auch die Imaginationsfähigkeit.

Die *Partnerübung* lässt uns den Atem in Verbindung zu einem anderen Menschen spüren und hat zudem wieder Vertrauen, Miteinander und Gemeinschaft im Fokus. Die *Übung für zu Hause* lenkt die Aufmerksamkeit auf das Erspüren der eigenen Ressourcen.

ASANA: Katze-Kuh im Sitzen

1. Setze dich aufrecht auf deinen Stuhl und lege deine Hände auf die Oberschenkel. Atme einige Mal durch die Nase ein und aus.
2. Schiebe deinen Rücken einatmend in ein geführtes Hohlkreuz und runde deinen Rücken ausatmend.
3. Wiederhole die Abfolge fünfmal.

Varianten

- Die Übung kann auch im Stand durchgeführt werden:
- Dazu beugen die Schüler die Knie sanft und legen die Hände auf die Oberschenkel.
- Einatmend schieben sie den Rücken in ein Hohlkreuz, ausatmend in einen Katzenbuckel.

Folgende Tipps können Sie den Schülern geben

- Achte darauf, dass deine Schultern immer genügend Abstand von den Ohren haben.
- Wirf den Kopf nicht in den Nacken, wenn du dich einatmend in das Hohlkreuz schiebst, sondern halte ihn in Verlängerung der Halswirbelsäule.
- Synchronisiere Atmung und Bewegung.

Die Wirkung der Abfolge von Katze-Kuh

Die *Katze-Kuh*-Abfolge optimiert die Beweglichkeit des Nacken-Schulter-Apparats und der Wirbelsäule. Rücken, Nacken, Flanken und die Schultern werden gedehnt und gekräftigt, während die Bauchorgane massiert werden. Diese Bereiche werden besser durchblutet. Verspannungen in der Wirbelsäule lassen sich besonders gut mit dieser fließenden Abfolge lindern, die beruhigend und ausgleichend wirkt und so Stress reduziert.

ATEM: Bauchatmung

1. Setze dich bequem auf deinen Stuhl. Lege deine Hände auf deinen Bauch. Wenn du möchtest, schließe deine Augen oder fixiere einen Punkt vor dir.
2. Atme bequem ein und aus. Nimm den Atem wahr.
3. Nimm wahr, wie bei der Einatmung der Atem bis zu deinem Bauch fließt und der Bauch leicht gegen deine Hände schiebt.
4. Beim Ausatmen geht die Bauchdecke wieder zurück.
5. Atme ruhig und gleichmäßig. Nimm wahr, wie der Atem deine Bauchdecke bewegt.

Die Wirkung der Bauchatmung

Die Bauchatmung wirkt beruhigend und entspannend. Wir verbrauchen in dieser Atemform weniger Energie, der Blutdruck sinkt, was dann zur Entspannung führen kann.

Folgende Tipps können Sie den Schülern geben

◊ Atme ganz entspannt. Versuche, nicht den Bauch extra nach vorne oder innen zu schieben, sondern beobachte, wie das einfach so passiert.
◊ Für jüngere Schüler kann die Vorstellung eines Luftballons hilfreich sein, der sich einatmend anfüllt und ausatmend wieder kleiner wird.
◊ Zu Hause kannst du die Bauchatmung auch im Liegen machen.

ACHTSAMKEIT: Finger-Achtsamkeits-Übung

1. Setze dich bequem auf deinen Stuhl. Eine Hand hältst du mit leicht auseinandergespreizten Fingern vor dich. Mit der anderen Hand kannst du mit dem Zeigefinger den jeweiligen Finger bei der Übung entlangfahren (z. B. hoch und runter).
2. Ich erzähle dir zu jedem Finger etwas, was du dir vorstellst, während du den Finger entlangfährst. Wenn du magst, kannst du das auch mit geschlossenen Augen machen.
3. Beginne mit dem Daumen: Stelle dir einen besonders schönen Ort vor.
4. Zeigefinger: Welche Musik magst du gerne?
5. Mittelfinger: Was schmeckt dir besonders gut?
6. Ringfinger: Was magst du gerne auf der Haut fühlen? Wind? Sonne? Regen?
7. Kleiner Finger: Welchen Geruch magst du besonders gerne?

Variante

◊ Die Schüler können ihre Hand auf einem Papier ummalen und dieses Bild für die Übung nutzen bzw. dieses dabei ausmalen.

Folgende Tipps können Sie den Schülern geben

◊ Stelle dir jeweils etwas vor, was dir besonders am Herzen liegt, was dir guttut oder du gerne magst.
◊ Lasse die Bilder in deinem Kopf entstehen und versuche, zu erleben, ob du dir auch Geräusche, Gerüche, Geschmack vorstellen kannst.

Die Wirkung der Achtsamkeitsübung

Diese Übung ist eine Visualisierung und zugleich sprechen wir die Sinne an. Die Schüler üben sich in der Imagination (was auch für Meditationen und Entspannungsübungen hilfreich ist) und nehmen wahr bzw. konkretisieren die Dinge, die sie selbst gerne mögen.

Partnerübung: Rücken an Rücken atmen und gemeinsam Atmung und Bewegung verbinden

1. Stellt euch Rücken an Rücken und greift euch jeweils an den Händen.
2. Etabliert einen gemeinsamen Atemrhythmus, ohne miteinander zu sprechen.
3. Führt die Arme einatmend gestreckt über die Seite nach oben und senkt die Arme ausatmend. Wiederholt dies fünfmal.
4. Versucht, den Rhythmus zu finden, ohne miteinander zu sprechen.

Variante

◊ Die Schüler können sich ausatmend auch jeweils zu einer Seite wiegen und einatmend in die Mitte zurückkehren.

Folgende Tipps können Sie den Schülern geben

◊ Achtet gegenseitig aufeinander und führt die Arme nur so weit nach oben, wie es für euch beide angenehm ist.
◊ Achtet darauf, dass die Schultern immer genügend Abstand von den Ohren haben.
◊ Synchronisiert Atmung und Bewegung.

Die Wirkung der Partnerübung Rücken an Rücken atmen

Die Übung fördert die Koordination, Konzentration und Empathie. Die Schüler müssen Bewegung und Atmung im Zusammenspiel mit einem Partner und dessen Atmung und Bewegung koordinieren. Sie üben sich darin, wahrzunehmen, wie weit sie die Arme heben können. Bei gestreckten Armen wird der Brustkorb geweitet; dies hilft, die Atmung zu intensivieren.

In der Variante erfahren die Schüler, wie sie sich mit Partner zur Seite bewegen können, ohne aus dem Gleichgewicht zu geraten.

Für zu Hause: Ressourcenhand

- Nimm dir ein Blatt Papier und einen Bleistift.
- Ummale deine Hand.
- In den Daumen schreibst du rein, was du besonders gut in der Schule kannst.
- In den Zeigefinger, was du besonders gut als Freund/Freundin kannst (zuhören/trösten . . .).
- In den Mittelfinger, was du besonders gut in deiner Freizeit kannst.
- In den Ringfinger, was du besonders gut zu Hause kannst.
- In den kleinen Finger, was du an dir selbst besonders toll findest.

11.3 Dritte Woche: Sich im Körper wohlfühlen

Nun geht es darum, die Erfahrungen des Ankommens und Spürens von Woche 1 und 2 zu implementieren und für die Schüler so nutzbar zu machen, dass sie sich wohl in ihrem Körper fühlen. Sie bekommen Übungen an die Hand, um ausgleichend einwirken zu können und somit selbstregulativ handeln zu können.

ASANA: Blume (Padma Mudra) und Drehsitz

1. Setze dich aufrecht auf den Stuhl, deine Füße stehen parallel auf dem Boden.
2. Führe die Hände vor dem Herzen in die Grußhaltung zusammen.
3. Atme ein und führe die Arme langsam nach oben über den Kopf, dabei öffnest du die Hände wie eine Blüte: Die Handkanten, Daumen und kleinen Finger berühren sich; die mittleren Finger öffnest du und spreizt sie nach oben. Ausatmend führst du die Hände wieder in die Grußhaltung zusammen. Wiederhole diese Bewegung fünfmal.
4. Nach der fünften Wiederholung drehst du dich ausatmend (aus der Brustwirbelsäule)[51] zur Seite in den *Drehsitz* und senkst die Arme. Die vordere Hand legst du auf dein vorderes Knie, die hintere Hand auf der Stuhllehne ab. Einatmend kehrst du in die Mitte zurück und wechselst ausatmend die Seite.
5. Wiederhole die Abfolge fünfmal auf jeder Seite.

51 Diese Ansage gilt für die älteren Schüler.

Varianten

◊ Für die *Blume* können die Hände auch vor dem Herzen gehalten werden.
◊ Es ist auch möglich, den *Drehsitz* 3-5 Atemzüge lang zu halten.
◊ Die Übung kann auch im Stand durchgeführt werden: In der Drehung senken die Schüler dann die Arme.

Folgende Tipps können Sie den Schülern geben

◊ Halte die Wirbelsäule auch in der Drehung gerade und sacke nicht zusammen.
◊ Halte über deine Sitzbeinknochen die ganze Zeit Kontakt zur Sitzunterlage.
◊ Um zu vermeiden, dass du hauptsächlich den Kopf zur Seite drehst, halte die Nasenspitze auf der Höhe des Brustbeins, um die Nackenmuskulatur zu entlasten.
◊ Achte darauf, dass die hintere Hand nicht zu viel Gewicht trägt.
◊ Schließe deine Augen, um noch intensiver zu üben.

Die Wirkung der Blume (Padma Mudra) und des Drehsitzes

Das Mudra fördert Konzentration und Koordination. Der *Drehsitz* auf dem Stuhl wirkt lockernd und vergrößert die Beweglichkeit der Wirbelsäule, vor allem der Brustwirbelsäule. Die Rückenmuskulatur wird gedehnt und gestärkt. Die Bauchorgane werden sanft massiert und der Stoffwechsel wird angeregt.

Die Haltung baut Stress ab und schenkt innere Ruhe. Der Blick wird geweitet, weil man nicht nur nach vorne schaut, sondern auch das sieht, was links und rechts liegt.

ATEM: Die Wechselatmung

1. Lege im aufrechten Sitz die linke Hand auf den linken Oberschenkel. Die rechte Hand lenkt den Atem: Lege den Daumen der rechten Hand auf das rechte Nasenloch und den Ringfinger auf das linke Nasenloch. Zeigefinger und Mittelfinger kommen auf den Punkt zwischen den Augenbrauen.
2. Atme einige Male bei geöffneten Nasenlöchern ein und aus.
3. Verschließe mit dem Daumen der rechten Hand das rechte Nasenloch und atme lang und tief durch das linke Nasenloch ein. Halte den Atem kurz, öffne das rechte Nasenloch und atme aus.
4. Fahre so fort: Rechts einatmen, beide Nasenlöcher verschließen, halten, links öffnen, ausatmen . . .
5. Um die Übung abzuschließen, legst du beide Hände auf den Oberschenkeln ab und spürst nach.

Varianten

- Als Linkshänder übt man spiegelverkehrt: Die rechte Hand ruht auf dem Oberschenkel und die Anweisungen werden mit der linken Hand durchgeführt.
- Wenn die Handhaltung für die Schüler unbequem ist, können sie auch beide Hände nutzen und einen Finger der jeweiligen Hand zum Verschließen des Nasenlochs verwenden.
- In der Grundschule üben, ohne den Atem anzuhalten, nur Pendelatmung!
- Man kann die Wechselatmung auch nur in Gedanken durchführen: Dabei stellt man sich vor, durch das linke Nasenloch einzuatmen, kurz zu halten und rechts wieder auszuatmen.

Folgende Tipps können Sie den Schülern geben

- Behalte die Auf- und Ausrichtung bei: Der Rücken ist gerade und der Kopf mittig ausgerichtet.
- Halte die Schultern gesenkt.
- Finde deinen Atemrhythmus, der sich angenehm und leicht anfühlt.

Die Wirkung der Wechselatmung

Die Wechselatmung wirkt ausgleichend und harmonisierend auf den Körper, beruhigend und stressabbauend auf den Geist. Sie wirkt Müdigkeit und Kopfschmerzen entgegen und fördert die Konzentrationsfähigkeit. Das Nervensystem wird harmonisiert, während dem Körper viel Sauerstoff zugeführt wird und die Atmung dadurch vertieft wird.

ACHTSAMKEIT: Finger-Mantra

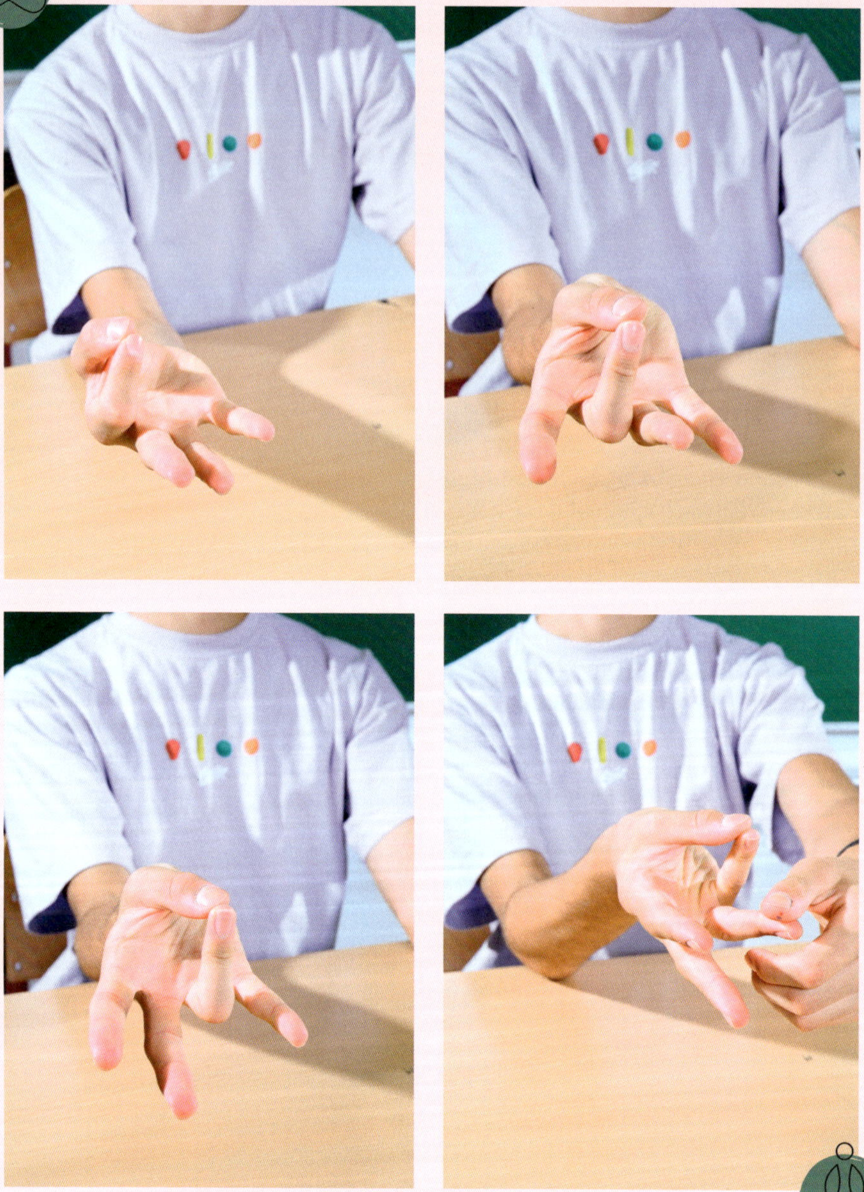

1. Setze dich bequem hin. Deine Hände kannst du ganz bequem auf deine Beine legen. Die Handflächen zeigen nach oben. Du kannst die Übung mit beiden Händen gleichzeitig machen, oder auch nur mit einer Hand. Wie es für dich angenehmer ist.
2. Denke dir nun einen Satz aus vier Wörtern aus zu etwas, was du gerade gut brauchen kannst, z. B.: „Ich bin ganz ruhig" oder: „Ich bin ganz konzentriert" oder Ähnliches.
3. Berühre nun jeweils mit dem Daumen deinen Zeigefinger und sage dir in Gedanken: „Ich."
4. Berühre nun mit dem Daumen deinen Mittelfinger und sage dir in Gedanken: „Bin."
5. Berühre dann mit dem Daumen deinen Ringfinger und sage dir in Gedanken: „Ganz."
6. Berühre mit dem Daumen deinen kleinen Finger und sage dir in Gedanken: „Konzentriert." Oder was auch immer du jetzt gerade brauchst.
7. Du kannst das einige Male wiederholen. Wenn es dir angenehm ist, kannst du dabei auch die Augen schließen.

Folgende Tipps können Sie den Schülern geben

◊ Du kannst diese Übung mit jedem Satz machen, der vier Wörter hat.
◊ Die Übung kannst du gut auch vor einer Klassenarbeit oder in einer anderen Situation machen, die vielleicht etwas aufregend ist.

Die Wirkung der Übung

Die Übung hilft, sich zu konzentrieren und zu beruhigen. Da wir den Geist (ich sage mir den Satz in Gedanken) mit dem Körper (Fingerübung) verbinden, ist es leichter, „bei der Sache" zu bleiben.

Finger-Mantra zu zweit

1. Setzt oder stellt euch Rücken an Rücken aneinander.
2. Spürt euren Rücken und findet einen gemeinsamen Atemrhythmus.
3. Jeder beginnt für sich mit der Fingerübung und sagt sich in Gedanken einen Satz dazu.

Varianten

- Die Schüler können sich gegenseitig Sätze schenken, z. B.: „Du bist ganz konzentriert." Oder: „Ich wünsche dir Ruhe."
- Die Schüler können einen gemeinsamen Satz finden und diesen gleichzeitig sprechen und so einen gemeinsamen Übungsrhythmus finden.

Die Wirkung der Übung

- Das gemeinsame Üben schult die Achtsamkeit und das Miteinander.
- Der sozioemotionale Bereich und die Empathiefähigkeit wird gestärkt.
- Die Schüler üben sich in achtsamer und zugewandter Kommunikation, wenn sie sich gegenseitig einen Satz schenken.

Für zu Hause: Achtsames Essen

1. Begib dich auf eine Forschungsreise zu einem deiner Lieblingsnahrungsmittel. Du erkundest und erforscht auf dieser Reise mit deinen fünf Sinnen dein Lieblingsessen.
2. Untersuche das Nahrungsmittel mit deinen Augen und erkunde seine äußerliche Beschaffenheit:
   - ◊ Wie sieht es aus?
   - ◊ Welche Farbe hat es?
   - ◊ Welche Form und Oberfläche besitzt es?

3. Erforsche das Nahrungsmittel nun mit deiner Nase:
   - ◊ Wie riecht es?
   - ◊ Woran erinnert dich der Geruch?

4. Ertaste dein Nahrungsmittel mit deinen Händen und Fingern:
   - Wie fühlt es sich an?
   - Ist es weich oder hart?
   - Gibt es nach, wenn du es drückst?

5. Erforsche es mit deinem Hörsinn, indem du das Nahrungsmittel nah an dein Ohr führst:
   - Was hörst du?
   - Ändert sich das Geräusch, wenn du es in deiner Hand bewegst oder drückst?

6. Jetzt öffne langsam deinen Mund und lege dein Lieblingsessen auf deine Zunge: Schließe den Mund vorsichtig und halte inne, bevor du anfängst zu kauen. Erspüre mit deiner Zunge und nimm wahr, wie es sich anfühlt und schmeckt. Beginne, vorsichtig zu kauen und nimm seinen Geschmack und seine Beschaffenheit wahr. Wenn du bereit bist, schlucke es runter.
   - Welchen Geschmack und welches Gefühl kannst du jetzt spüren?

Variante

- Klassischerweise führt man diese Übung mit einer Rosine durch. Da viele Kinder und Jugendliche Rosinen nicht mögen, haben wir die Wahl des Nahrungsmittels offengelassen. Grundsätzlich kann die Übung mit jedem Lebensmittel durchgeführt werden.

Folgende Tipps können Sie den Schülern geben

- Lasse dir bei den einzelnen Schritten möglichst viel Zeit.

Die Wirkung des achtsamen Essens

Achtsam zu essen, hilft dabei, einen gesunden Lebensstil zu etablieren. Die Lebensmittel werden bewusster in ihrem Geschmack und in ihrer Konsistenz wahrgenommen und so genossen. Langsames Essen unterstützt unsere Verdauung. Regelmäßig ausgeführt, kann die Übung zu einem gesünderen Essverhalten beitragen.

11.4 Vierte Woche: Den Körper nähren und feiern

Die vorangegangenen Erfahrungen und Erlebnisse werden nun sinnvoll ergänzt und verstärkt, sowohl mit einer heldenhaften Körperhaltung als auch über eine kraftvolle Atemübung und einen Mudra-Flow für Konzentration und Fokus.

ASANA: Der Held

1. Setze aus dem Stand heraus das rechte Bein zurück und beuge für den ersten Helden das vordere linke Bein. Das hintere Bein ist kraftvoll durchgestreckt.
2. Der Oberkörper ist nach oben ausgerichtet.
3. Strecke die Arme selbstbewusst und kraftvoll gen Himmel; lasse die Schultern nach hinten und unten fallen.
4. Der Blick ist fokussiert nach oben in den Himmel ausgerichtet. Der Kopf bleibt dabei in der Verlängerung der Halswirbelsäule.

Varianten

- Bei Schulter-Nacken-Problemen können die Arme auch in der Grußhaltung vor dem Herzen oder in die Kaktushaltung gebracht werden.
- Bei Rückenproblemen kann das hintere Bein sanft gebeugt werden.

Folgende Tipps können Sie den Schülern geben

- Überstrecke den Nacken nicht.
- Halte die Schultern gesenkt.

Die Wirkung des Helden

In der Asana werden Arme und Schultern gestärkt, während die gesamte Vorderseite gestreckt wird. Nacken und Rücken werden gedehnt. Dem Körper wird viel Energie zugeführt; der Gleichgewichtssinn wird geschult.

ATEM: Gorillaatmung

1. Stelle dich weiter als hüftweit breitbeinig hin, gehe dabei leicht in die Knie, wie es auch Gorillas tun.
2. Mit der Einatmung führst du die Arme gestreckt über die Seiten nach oben. Atme wirklich tief ein und halte den Atem an.
3. Klopfe in der Atempause bei voller Lunge in der ersten Runde den Brustkorb mit den Fingerspitzen ab. In der zweiten Runde klopfst du den Brustkorb mit den Handflächen ab und in der dritten Runde mit den Fäusten ab. Das Klopfen dauert jeweils so lange wie die Atempause.
4. Bei der Ausatmung stützt du die Hände auf den Knien ab, beugst den Oberkörper leicht vor und atmest stoßweise mit lauten Hah-Geräuschen durch den Mund aus; dabei schürzt du deine Lippen. Das darf sich anhören wie ein Gorilla.

Varianten

- In der ersten Runde kann auch sanft der Kopf ausgeklopft werden; in der zweiten Runde können die Flanken und Oberschenkel angeklopft werden.
- *Für jüngere Schüler wandeln Sie die Gorillaatmung folgendermaßen ab:*
    1. Stelle dich breitbeinig hin, sodass du einen stabilen Stand hast.
    2. Schließe deine Augen und stelle dir vor, du bist ein starker Gorilla.
    3. Atme tief ein und mit dem Ausatmen kannst du die Augen öffnen und wie ein Gorilla brüllen.
    4. Wenn du magst, kannst du dabei sanft deinen Brustkorb mit weichen Händen ausklopfen.

Folgende Tipps können Sie den Schülern geben

- Halte den Rücken bei der Ausatmung gerade.

Die Wirkung der Gorillaatmung

Die Atemtechnik sorgt durch das stoßartige Ausatmen für einen enormen Luftaustausch. Sie führt so schnell zu neuer Energie, sodass man sich belebt und frisch fühlt. Die Gorillaatmung baut Stress und negative Gefühle wie Wut ab. Die Lungen und Bronchien werden durch das Abklopfen gereinigt. Dies ist besonders hilfreich, wenn man erkältet ist: Verklebungen werden gelöst.

ACHTSAMKEIT: Mudra-Flow

1. Setze dich bequem hin und bringe deine Hände vor dir zusammen, sodass sich alle Finger berühren, als würden die Hände einen kleinen Ball umfassen. Diese Handhaltung heißt *Hakini-Mudra*. Atme ruhig und langsam und sage dir in Gedanken dreimal: „Ich bin konzentriert."
2. Aus dieser Handhaltung bringe nun nur die Zeigefinger und die Daumen zueinander, die restlichen Finger bleiben, wie eben, zusammen. Dies Haltung heißt *Tiefenentspannungs-Mudra*. Sage dir dazu in Gedanken dreimal: „Ich bin ruhig."
3. Danach lege deine Hände wie eine Schale in deinen Schoß. Die linke Hand liegt auf der rechten und die Spitzen der Daumen berühren sich. Das ist *Dhyani-Mudra*. Sage dir dazu dreimal in Gedanken: „Ich schaffe das."
4. Du kannst den Flow dreimal wiederholen.

Folgende Tipps können Sie den Schülern geben

- Du kannst bei der Übung auch die Augen schließen.
- Du kannst von einer Handhaltung in die nächste kommen, dann sieht es ein bisschen aus, als würden die Hände tanzen.
- Wenn dir ein anderer Satz in den Sinn kommt, der dazu besser passt, dann probiere das aus.

Die Wirkung des Mudra-Flows

Die Handgesten verstärken bestimmte Aspekte (hier z. B. die Konzentration oder die Entspannung). Indem wir die Gesten aneinanderreihen, können wir die jeweiligen Affirmationen verstärken. Der Flow schult die Konzentration und hilft, sich zu fokussieren und zur Ruhe zu kommen. Er kann überall geübt werden und ist hilfreich für herausfordernde Situationen.

Partnerübung: Gorillaatmung mit einem Partner

1. Stellt euch weiter als hüftweit breitbeinig voreinander auf.
2. Führt mit der Einatmung die Arme gestreckt über den Kopf und haltet den Atem an.
3. Klopft euch vorsichtig bei der Ausatmung gegenseitig den Rücken aus: Klopft dabei nicht auf die Wirbelsäule, sondern nur vorsichtig links und rechts von ihr.
4. Ausatmend stützt ihr die Hände auf den Knien ab, beugt den Oberkörper vor und atmet stoßweise durch den Mund aus.

Variante

- Die Übung kann auch als Gruppenübung durchgeführt werden.

Folgende Tipps können Sie den Schülern geben

- Achtet gegenseitig aufeinander und klopft den Rücken des anderen vorsichtig und mit wenig Kraft aus.
- Für jüngere Schüler, ohne den Atem anzuhalten. Es kann dann einfach der Körper sanft ausgeklopft werden ohne Atempause. Das Ausatmen kann dann einfach ein längeres Ausatmen sein, so, wie es für den Schüler angenehm ist.

Die Wirkung der Gorillaatmung mit einem Partner

Die Übung fördert Koordination und Empathie. Die Schüler müssen den eigenen Atmungs- und Bewegungsrhythmus dem ihres Partners anpassen. Außerdem üben sie sich darin, ihrem Gegenüber eine sanfte Rückenmassage zukommen zu lassen.

Für zu Hause: Ein Mandala malen

Malen beruhigt uns und fördert unsere Kreativität. Nimm dir Stifte und Farben deiner Wahl. Beginne, zu malen. Denke nicht darüber nach, sondern male ganz aus dem Bauch heraus.

Wenn du möchtest, kannst du dazu auch ruhige Musik spielen.

12

Notfallset

12.1 Asanas, Atemübungen und Achtsamkeitsübungen vor Klassenarbeiten und Prüfungen

◊ Wer kennt nicht das Gefühl von Angst und Unsicherheit vor Klassenarbeiten, Referaten und mündlichen Prüfungen?

Unter Kindern und Jugendlichen sind diese Gefühle weit verbreitete Phänomene und lösen großen Stress aus. Das Gefühl, nicht gut genug zu sein, und die Angst, zu versagen, führen zu großer Aufregung, Sorgen und lähmenden Gedanken.

Viele Kinder und Jugendliche leiden auch unter körperlichen Symptomen: Ein schnell schlagendes Herz, eine beschleunigte Atmung, Bauchschmerzen, Übelkeit und kalter Schweiß sind keine Seltenheit. Infolgedessen können sie sich schlechter konzentrieren und sind oftmals weniger leistungsfähig.

Für diese unangenehmen Symptome sind Stresshormone wie Adrenalin und Cortisol verantwortlich, die der Körper in Stresssituationen ausschüttet. Dies haben wir bereits zu Beginn des Buchs etwas genauer erläutert.

Ist man diesem Zustand hilflos ausgeliefert, stellen sich Gefühle wie Ohnmacht und Verzweiflung ein. Doch das muss nicht so sein! Wir haben die Möglichkeit, proaktiv gegenzusteuern. Eine Kombination bewährter Asanas, Atem- und Achtsamkeitsübungen bietet einen Ausweg aus der erlebten Hilflosigkeit.

Die Übungen dienen gleichzeitig der mentalen Stärkung und körperlichen Entspannung, sodass Kinder und Jugendliche reale Entlastung erleben und Selbstwirksamkeit erfahren. Die Übungen verhelfen so zu größerer Resilienz, die auch in anderen Momenten dienlich ist. Die jungen Menschen erreichen aus eigener Kraft einen Zustand innerer Ruhe.

So leisten die Übungen einen Beitrag zum Aufbau einer Routine von innerer Stärke und Selbstregulation. Kinder und Jugendliche erleben bewusst die eigene Wirkmacht, indem sie eigenmächtig für den Zustand von Gelassenheit und Entspannung sorgen.

Der Löwe

1. Setze dich bequem auf deinen Stuhl.
2. Stütze dich mit den Händen auf deinen Oberschenkeln oder Knien ab.
3. Atme tief durch die Nase ein.
4. Beim Ausatmen öffne deine Augen und den Mund weit und strecke die Zunge heraus.
5. Atme aus mit einem schnarchenden Geräusch oder mit einem „Aaaahhhh".
6. Wiederhole die Übung dreimal.

Variante

- Du kannst auch die Ellbogen aufstützen und nach unten schauen, falls dir das angenehmer ist.

Folgende Tipps können Sie den Schülern geben

- Wenn du auf „Aaaahhh" ausatmest, dann nicht zu laut, denn das reizt unsere Stimmbänder und macht heiser.
- Lachen ist hierbei durchaus auch erlaubt.
- Du kannst die Übung auch gut zu Hause machen nach einem stressigen Tag oder wenn du gerade Energie brauchst.

Die Wirkung des Löwen

Der *Löwe* wirkt gegen Stress, Angst und Wut. Er löst Spannungen und wirkt befreiend. Er aktiviert die Atemhilfsmuskulatur und hilft, Verspannungen im Zwerchfell zu lösen. Ebenfalls sagt man der Asana nach, dass sie sich positiv auf die Stimme auswirkt, was auch bei Sprachstörungen mitunter hilfreich sein kann.

Holzhacker

1. Stelle dich breitbeinig hin, sodass du einen bequemen und festen Stand hast. Lasse die Knie weich.
2. Du brauchst ausreichend Platz um dich herum, um den Oberkörper nach vorne fallen lassen zu können.
3. Atme tief durch die Nase ein und hebe die Arme dabei über die Seiten nach oben. Du kannst die Hände verschränken, wenn du möchtest.
4. Mit dem Ausatmen lässt du dich mit einem lauten „HA" nach vorne schwingen.
5. Pendele kurz in der Vorbeuge hin und her. Dann richte dich langsam wieder auf.
6. Wiederhole die Übung dreimal.

Varianten

- Du kannst auch einfach ohne Ton laut ausatmen.
- Die Übung kann auch im Sitzen über die gebeugten Beine durchgeführt werden.
- Falls es im Klassenraum zu eng ist, können die Arme auch über vorne nach oben gehoben werden.

Folgende Tipps können Sie den Schülern geben

- Stelle dir vor, dass du alles loslassen kannst, was dich gerade belastet.
- Wie beim Holzhacken kannst du hier Frust und Stress rauslassen.
- Du kannst die Übung auch gut zu Hause machen nach einem stressigen Tag oder wenn du gerade Energie brauchst.

Die Wirkung des Holzhackers

Der *Holzhacker* hilft, Wut und Stress abzubauen. Er unterstützt die Beweglichkeit und die Kräftigung des Rückens.

Die Schultern lockern

1. Setze dich an die vordere Kante deines Stuhls, sodass du mit beiden Füßen fest auf dem Boden stehst.
2. Richte dich auf und lasse den Rücken lang werden.
3. Lege deine Fingerspitzen auf deine Schultern. Die Ellbogen zeigen nach außen.
4. Beschreibe nun große Kreise mit den Schultern.
5. Wechsle zwischendurch auch mal die Drehrichtung.
6. Lege dann wieder deine Hände in deinen Schoß und spüre kurz nach, wie sich die Schultern nun anfühlen.

Varianten

- Die Übung ist auch im Stehen möglich.
- Nach dem Schulterkreisen können die Schultern einatmend hoch zu den Ohren gezogen werden. Mit dem Ausatmen die Schultern fallen lassen, gerne mit einem „HA" oder mit einem Seufzer.

Folgende Tipps können Sie den Schülern geben

- Stelle dir vor, dass du mit den Ellbogen große Kreise in die Luft malst.
- Spüre, ob es einen Unterschied macht, wenn du die Schultern nach vorne oder nach hinten rollst.
- Wenn es ein bisschen knackt beim Kreisen hinter den Schultern, ist das nicht schlimm, das sind kleine Einschlüsse in unserem Gewebe.

Die Wirkung des Schulterkreisens

Neben der Entspannung der Schultern und des Schultergürtels erfahren die Schüler auch eine Mobilisation des Schultergelenks und stärken ihre obere Rückenmuskulatur.

Wir schulen Achtsamkeit, indem die Schüler hineinspüren und auch Unterschiede, z. B. bei der Drehrichtung oder beim Vorher-Nachher wahrnehmen. Zudem verkürzt langes, nach vorne gerichteten Sitzen häufig den Brustmuskel und fördert somit Verspannungen in Schulter und Nacken und kann zu einem Rundrücken führen. Dem wird hiermit ebenso entgegengewirkt.

Mein Wohlfühlort

- ◊ Setze dich ganz bequem hin. Wenn es für dich möglich ist, schließe deine Augen.
- ◊ Stelle dir nun vor, du bist an einem Ort deiner Wahl. Das kann ein Ort sein, den du kennst oder auch ein Ort, den du dir ausdenkst.
- ◊ Stelle dir den Ort genauso vor, wie er dir gefällt.
- ◊ Wichtig ist, dass dieser Ort nur dir gehört. Du bist hier vollkommen sicher und geschützt.
- ◊ An den Ort kann auch nur kommen, wen oder was du einlädst.
- ◊ Nimm nun genau wahr, wie es an deinem Ort aussieht.
- ◊ Wie riecht es?
- ◊ Gibt es Geräusche oder Musik?
- ◊ Hat dein Ort einen besonderen Geschmack oder gibt es hier etwas Leckeres zum Schmecken?
- ◊ Wenn du möchtest, kannst du deinem Ort auch einen Namen geben, damit du ihn schneller wiederfindest, wenn du ihn brauchst.
- ◊ Du kannst dir auch überlegen, ob es eine bestimmte Art gibt, zu diesem Ort zu gelangen (per Rakete, mit einem Fahrzeug oder Ähnliches).
- ◊ Nimm nun noch drei tiefe Atemzüge.
- ◊ Verabschiede dich nun von deinem Ort und komme langsam zurück hier in unseren Klassenraum. Vielleicht möchtest du dich strecken oder mal gähnen.
- ◊ Du bist jetzt wieder ganz wach und fit und weißt, dass du alles schaffen kannst.

Folgende Tipps können Sie den Schülern geben

- Den Ort kannst du dir genau so gestalten, wie es dir gefällt.
- Der Ort ist nur für dich, deshalb musst du auch nichts darüber erzählen.
- Hier sollst du dich sicher und gut fühlen, dann kannst du hier auch Kraft tanken und zur Ruhe kommen, wenn es draußen mal stressig und anstrengend ist.
- Wenn du den sicheren Ort einige Male geübt hast, wird es immer leichter, ihn zu nutzen, auch für einen kurzen Moment, z. B. vor einer Klassenarbeit, einem Referat oder Ähnlichem, um dich zu beruhigen und Kraft zu tanken.
- Wenn du jemanden an deinem Wohlfühlort haben möchtest, z. B. dein Haustier oder einen Freund, kannst du dir das natürlich auch vorstellen.

Die Wirkung des Wohlfühlortes

Ursprünglich entstanden in der Traumatherapie, geht der sichere Ort auf die Psychoanalytikerin Luise Reddemann (*1943) zurück. Die Möglichkeit, sich einen „Wohlfühlort" zu schaffen, ist hilfreich und bietet Sicherheit in herausfordernden Situationen. So findet sich heute in Yoga, Coaching und Beratung und auch in der Pädagogik diese Technik wieder.

In sich selbst Sicherheit zu finden und zu erfahren, ist eine große Kompetenz, auch im Sinne der Selbstregulation und der Resilienzfähigkeit. So ist der Mensch nicht mehr angewiesen auf Beruhigung und Sicherheit im Außen, sondern ist in der Lage, sie sich selbst zu geben, was gerade auch in schulischen Kontexten, wie Nervosität vor Klassenarbeiten, Referaten oder Ähnlichem eine gute Möglichkeit der Achtsamkeit und des aktiven Gestaltens darstellt.

Bienenatmung

1. Setze dich bequem hin. Wenn es für dich möglich ist, schließe deine Augen.
2. Wenn du möchtest, kannst du deine Ohren verschießen, entweder, indem du mit deinen Zeigefingern leicht auf den Ohrknorpel drückst, oder indem du einfach die flache Hand auf die Ohren legst.
3. Atme nun tief ein.
4. Atme mit einem summenden Geräusch aus.
5. Wiederhole das einige Male.

Folgende Tipps können Sie den Schülern geben

◊ Wenn es dir nicht angenehm ist, kannst du die Ohren auch offen lassen. Das gilt ebenso für die Augen.
◊ Nimm wahr, wo du in deinem Körper das Summen spürst.
◊ Probiere doch mal aus, welchen Unterschied es macht, wenn du die Ohren offen oder geschlossen hast.

Die Wirkung der Bienenatmung

Die Bienenatmung wirkt beruhigend und mildert Stress. Sie unterstützt die Gefühlsregulation und kann Anspannungen mildern. Sie wirkt konzentrationsfördernd und stärkt die Gedächtnisleistung. Zudem hat sie einen positiven Einfluss auf unsere Stimme. Ebenso wird ihr nachgesagt, dass sie sich positiv auf unser Selbstvertrauen auswirkt.

13

Drei-A-Spaziergang. Raus aus dem Klassenzimmer, rein in die Natur

13.1 Ein Spaziergang mit Asanas, Atem- und Achtsamkeitsübungen

Unter freiem Himmel lassen sich Asanas, Atem- und Achtsamkeitsübungen im Wechsel mit Phasen des bewussten Gehens zu einem wohltuenden Spaziergang in Stille kombinieren.

So erleben wir gemeinsam die Qualität von Achtsamkeit und Bewusstheit im Rhythmus der eigenen Atmung in der Natur. Die frische und sauerstoffgetränkte Luft lädt zum Atmen ein, während sich unsere Sinne an der Vielfalt der Natur erfreuen und sich unser Körper besser entfalten kann. Gestärkt in Körper, Geist und Seele, gehen wir aus dem Spaziergang hervor.

Durchführung

- Die Durchführung ist einfach und unkompliziert: Nach einer kurzen Einführung wechseln sich Phasen des Gehens im Rhythmus der Atmung und Stationen mit Yoga, Atem- und Achtsamkeitsübungen jeweils ab. Am besten führen Sie das achtsame Gehen einmal vor und ermutigen Ihre Schüler, sich darin zu versuchen.
- Wie lange Sie die Phasen des Gehens gestalten, hängt vom Alter und Erfahrung der Lerngruppen ab: Je jünger die Schüler sind, desto kürzer werden die Gehphasen sein. Für erfahrene und ältere Schüler empfehlen wir Phasen des Gehens von 5-8 Minuten.
- Alternativ können Sie den Spaziergang barfuß am Meer oder auf einer Wiese durchführen.
- Wir haben für diesen Spaziergang acht Stationen konzipiert. Sie können den Spaziergang auch um eigene Stationen erweitern bzw. Stationen weglassen. Wir empfehlen Ihnen, den Spaziergang mit dem Bodyscan im Sitzen oder Liegen abzuschließen und im Anschluss eine gemeinsame Reflexion durchzuführen. Jüngere Schüler können Sie im Anschluss des Spaziergangs ein Bild malen lassen.

Benötigte Materialien

- Duftöl (bei Allergien arbeiten Sie ohne Duftöl).
- Handcreme (bei Allergien arbeiten Sie ohne Handcreme).
- Je nach Jahreszeit lassen sich Naturmaterialien wie Steine, Kastanien, Blumen und Ähnliches gut in den Spaziergang einbinden.
- Handtücher für den Bodyscan im Liegen.
- Stifte und Papier für die Reflexion bereitlegen.

Einstimmung in den Spaziergang

Kommt in einem großen Kreis zusammen und stellt euch hüftweit auf. Wir unternehmen heute einen besonderen Spaziergang, den wir immer wieder mit verschiedenen Übungen unterbrechen. Das Besondere an diesem Spaziergang liegt darin, dass wir versuchen, im Rhythmus unserer Atmung zu laufen und dabei nicht sprechen.

Vielleicht nehmt ihr ungeahnte Geräusche wahr, vielleicht fühlen sich eure Füße auf dem Waldboden oder auf der Wiese anders an als beim Laufen auf Asphalt.

Ich mache es euch einmal vor: Ich atme ein: 1, 2, 3, 4 und gehe dabei vier Schritte. Dann atme ich aus und gehe auch wieder vier Schritte. Wenn ihr länger oder kürzer als ich atmet, ist das absolut in Ordnung.

Wenn ihr keine Fragen mehr habt, legen wir jetzt los.

Schließt die Augen und nehmt euch, eure Gefühle, eure Gedanken und Körperempfindungen wahr.

(Pause)

Nehmt dann euren Atem wahr:

- ◊ Wo könnt ihr ihn wahrnehmen?
- ◊ Fließt er langsam oder schnell?
- ◊ Tief oder flach?

(Pause)

Vertieft dann eure Atmung: Atmet tief durch die Nase ein und aus. Findet so allmählich einen eigenen Rhythmus und lauft gemeinsam mit mir bis zu unserer ersten Station los.

13.2 Die Stationen

Station 1: Der Baum

- Verlagert euer Gewicht auf das rechte Bein und hebt euer linkes Bein an. Bringt die Fußsohle an die Innenseite des Ober- oder Unterschenkels an das Standbein. Wenn ihr die Schuhe nicht ausziehen wollt, legt den Fuß vor den Ober- oder Unterschenkel.
- Führt die Hände in die Grußhaltung. Schlagt mit jeder Ausatmung Wurzeln in den Boden und verbindet euch mit jeder Einatmung mit dem Himmel über euch.
- Wechselt dann die Seiten.

Station 2: Ich atme in meinen Körper

- Stellt euch hüftweit hin und schließt die Augen.
- Atmet durch die Fußsohlen ein, durch den Fußspann aus.
- Atmet durch die Waden ein, durch die Schienbeine aus.
- Atmet durch die Rückseite der Oberschenkel ein, durch die Vorderseite aus.
- Atmet durch das Gesäß ein, durch Hüfte und Becken aus.
- Atmet durch den unteren Rücken ein, durch den Bauch aus.
- Atmet durch die Schulterblätter ein, durch den Brustkorb aus.
- Atmet durch die Rückseite der Arme ein und durch die Vorderseite aus.
- Atmet durch die Handrücken ein und durch die Handfläche aus.
- Atmet durch den Nacken ein, durch den Hals aus.
- Atmet durch die Kopfhaut ein, durch das Gesicht aus.
- Atmet durch die Körperrückseite ein, durch die Vorderseite aus.

Station 3: Handmassage/Nacken-Schulter-Massage, gegebenenfalls mit Creme

- ◊ Finde einen Partner oder eine Partnerin. Sprecht euch ab, ob ihr lieber die Hände oder den Nacken-Schulter-Bereich massieren mögt. Dann setzt euch für die Handmassage voreinander und für die Nackenmassage hintereinander. Wenn es für euch beide angenehm ist und keine Allergien vorliegen, könnt ihr auch eine Creme oder ein wohlriechendes Öl benutzen.
- ◊ Massiert ganz intuitiv und ohne viel darüber nachzudenken. Das können streichende oder kreisende Bewegungen sein oder einfach eine Hand auflegen und Wärme spenden. Sagt euch auch, ob es angenehm ist, oder ob etwas verändert werden kann (Tempo, Intensität der Berührung).

Tipp: Wenn ihr während der Massage die Augen schließt, könnt ihr besser spüren und nehmt leichter wahr, was die Hand oder der Nacken-Schulter-Bereich eures Partners braucht.

Station 4: Ich bin bei mir – Mudra

- ◊ Das Finger-Mudra kennen wir schon aus dem 4-Wochen-Programm. Setze dich bequem hin. Deine Hände kannst du ganz bequem auf deine Beine legen. Die Handflächen zeigen nach oben. Du kannst die Übung mit beiden Händen gleichzeitig machen oder auch nur mit einer Hand. Wie es für dich angenehmer ist.
- ◊ Bringe Daumen und Zeigefinger zusammen und sage dir in Gedanken: „Ich."
- ◊ Danach treffen sich Daumen und Mittelfinger und sage dir in Gedanken: „Bin."
- ◊ Bringe Daumen und Ringfinger zusammen und sage dir in Gedanken: „Bei."
- ◊ Berühre anschließend mit dem Daumen deinen kleinen Finger und sage dir in Gedanken: „Mir."
- ◊ Du kannst das einige Male wiederholen. Wenn es dir angenehm ist, kannst du dabei auch die Augen schließen.

Station 5: Die fünf Sinne erschließen

- Setze oder lege dich (falls du eine Decke oder einen großen Schal hast) bequem hin und schaue dich noch einmal ganz bewusst um, was du um dich herum alles sehen kannst. Schließe dann deine Augen. Nimm dir einen kurzen Moment Zeit, um zu spüren, wie du jetzt sitzt oder liegst. Gönne dir einen Moment, um zur Ruhe zu kommen.
- Nun konzentriere dich auf deine Ohren und nimm wahr, welche Geräusche es um dich herumgibt.
- Nun konzentriere dich auf deine Nase:

- ◊ Gibt es etwas zu riechen?
- ◊ Was kannst du hier wahrnehmen?

◊ Konzentriere dich nun auf deinen Geschmacksinn:
- ◊ Kannst du etwas schmecken?

◊ Jetzt konzentriere dich auf deinen ganzen Körper und auf dein Gesicht:
- ◊ Was kannst du fühlen?
- ◊ Die Temperatur?
- ◊ Wind?
- ◊ Sonne?

Zum Schluss erinnere dich noch einmal, was du gesehen hast, als du dich hingesetzt (oder hingelegt) hast.

◊ Kannst du dir dieses Bild zurückholen?

Bleibe gerne noch einen kurzen Moment, bevor du dann langsam wieder zurückkommst. Wenn du möchtest, reibe deine Hände aneinander, bis sie ganz warm und voller Energie sind. Dann lege sie sanft über deine geschlossenen Augen und spüre die Wärme (an Brillen denken!). Dann löse langsam die Hände und öffne langsam, blinzelnd deine Augen, bis du dich wieder an das Tageslicht gewöhnt hast.

Station 6: Katze-Kuh im Stand und Krieger I

- Stellt euch hüftweit hin und beugt die Knie leicht. Legt die Hände auf die Oberschenkel und macht ausatmend einen Katzenbuckel. Einatmend öffnet ihr euer Herz und kommt in die *aufschauende Katze*. Wiederholt dies einige Male.
- Vergrößert den Schritt, beugt für den *Krieger I* das rechte Bein und streckt das hintere Bein kraftvoll durch. Der Oberkörper ist nach oben aufgerichtet. Die Arme streckt ihr selbstbewusst gen Himmel und die Schultern lasst ihr nach hinten und unten fallen. Der Blick ist fokussiert nach vorne gerichtet. In dieser Variante lasst die Zehen des hinteren Fußes aufgestellt – dies schützt die Knie.

Station 7: Der Baum zu zweit

- Stellt euch hüftweit nebeneinander, sodass sich eure Schultern berühren. Findet einen gemeinsamen Atemrhythmus.
- Gebt euch jeweils die innere Hand. Euer inneres Bein ist euer Standbein und ist bis auf eine Mikrobeuge gestreckt. Beugt euer äußeres Bein und bringt den Fuß je nach körperlicher Verfassung an die Innenseite von Ober- oder Unterschenkel. Wenn ihr die Schuhe nicht ausziehen möchtet, legt den Fuß vor den Ober- oder Unterschenkel.
- Führt die äußeren Hände vor euch zusammen in die gemeinsame Grußhaltung. Einatmend hebt jeweils den äußeren Arm über die Seite nach oben. Bringt die Handflächen über euren Köpfen zusammen und führt die Hände ausatmend zurück in die Grußhaltung.
- Schließt die Augen und gebt euch gegenseitig Halt.
- Wechselt dann die Seite.

Station 8: Bodyscan in Liegen oder im Sitzen

- ◊ Legt euch auf den Rücken oder findet einen bequemen Sitz eurer Wahl. Atmet einmal durch eure Nase ein und durch den Mund aus.
- ◊ Schließt eure Augen und entspannt alle Teile eures Körpers, die ihr gerade nicht benötigt.
- ◊ Lenkt die Aufmerksamkeit nacheinander auf die Körperteile, die ich euch jetzt ansage:
  - ◊ Füße . . ., Unterschenkel . . ., Knie . . ., Oberschenkel . . ., Becken und Gesäß . . .., Bauch . . ., Brustkorb . . ., unterer, mittlerer, oberer Rücken . . ., Schultern . . ., Hals und Nacken . . ., Kinn . . ., Mund . . ., Wangen . . ., Nase . . ., Augen . . ., Stirn . . ., Ohren . . ., Kopfhaut und Haare.

Anhang

1 Briefvorlage Eltern

Liebe Eltern,

die heutige Welt ist voller Anforderungen und Herausforderungen an uns alle. Neben der Vermittlung fachlicher Inhalte sehe ich es als meine pädagogische Aufgabe an, Ihre Kinder bestmöglich auf ihrem Weg in die eigene Selbstständigkeit zu unterstützen.

Daher möchte ich mit Ihren Kindern das 4-Wochen-Programm *Achtsamkeit und Entspannung in der Schule* der beiden Pädagoginnen Sandra Walkenhorst und Mona Bekteši durchführen.

In diesem Programm erlernen Ihre Kinder über den Zeitraum von vier Wochen jede Woche Achtsamkeits-, Atem- und Yogaübungen, die sie anleiten, achtsam mit sich selbst und anderen umgehen. Sie erfahren durch das Programm einen konstruktiven Umgang mit negativen oder belastenden Gefühlen und lernen sich so besser kennen.

Die Übungen werden wir jeweils am Anfang des Unterrichts durchführen. Sie nehmen circa fünf Minuten in Anspruch. Ihre Kinder haben so teil an ihrer eigenen körperlichen und seelischen Gesundheit.

Sie erfahren Möglichkeiten, das eigene Stresserleben zu reduzieren und sich dem Schulalltag und seinen Herausforderungen selbstwirksam zu stellen. Sie entwickeln dadurch seelische Widerstandskräfte und haben größere Fähigkeiten, den Erfolg der eigenen Handlung einzuschätzen, gehen Schwierigkeiten aktiver an und nutzen eigene Ressourcen effektiver.

Ich hoffe, Sie sehen diesem Vorhaben so überzeugt entgegen wie ich.

Wenn Sie noch mehr über das 4-Wochen-Programm erfahren möchten, biete ich Ihnen gerne einen Elternabend an, in dem ich Ihnen das Konzept und natürlich auch die weltanschaulich neutralen Übungen vorstelle.

Mit herzlichen Grüßen

Ihre/Ihr

Mandala für Grund- und Förderschule

Mandala für weiterführende Schule

2 Danksagung

Dieses Buch wäre ohne die Hilfe zahlreicher Menschen nicht zustande gekommen.

In erster Linie gilt unser Dank unseren reizenden Modellen: Mailo, Jannis, Nikolas, Florine, Luise Victoria und Hanna.

Danke Mira für das Gestalten der Mandalas.

Ein großer Dank gilt auch unserer kompetenten und geduldigen Fotografin Sarah Mehler sowie dem Alten Gymnasium zu Bremen für die Bereitstellung der Räume.

Unser Dank gilt Susanne Kramer für ihr kundiges Vorwort.

Ebenso unserem Verlag, der uns in diesem und unseren anderen Projekten vertrauensvoll begleitet hat.

Danke an unsere Familien, Freunde, Unterstützer und Begleiter, ohne euch wäre vieles nicht möglich.

Und natürlich gilt unser Dank auch Ihnen, die dieses Buch gekauft haben und uns in unserer Vision unterstützen, Schule zukünftig anders zu denken.

3 Literaturverzeichnis

Antonovsky, A. (dt. Hrsg.: Franke, A.). (1997). *Salutogenese. Zur Entmystifizierung der Gesundheit.* Tübingen: dgvt-Verlag.

Bekteši, M. (2020). *Yoga in der Schule. Einfache Übungen für mehr Gelassenheit und Konzentration.* Aachen: Meyer & Meyer Verlag.

Blättner, B. & Waller, H. (2018). *Gesundheitswissenschaft. Eine Einführung in Grundlagen, Theorie und Anwendung* (6. Auflage). Stuttgart: Kohlhammer.

Bruin, A. de (2021). *Achtsamkeit und Meditation im Hochschulkontext. 10 Jahre Münchener Modell* (S. 5-8). Bielefeld: transcript Verlag.

Crone, E. (2011). *Das pubertierende Gehirn. Wie Kinder erwachsen werden.* München: Droemer.

Dadaczynski, K. & Schiemann, S. (2015). Welchen Einfluss haben körperliche Aktivität und Fitness auf Bildungsoutcomes? Eine systematische Übersicht von Längsschnittstudien. *Sportwissenschaft, 45*, 190-199.

Davidson, R. J. (2019). *Moment by Moment.* Ausgabe 1, 49-52.

Desikachar, Tirumalai Krishnamacharya Venkata (2013). *Yoga. Tradition und Erfahrung. Die Praxis des Yoga nach dem Yoga Sutra des Patanjali.* Bielefeld: Theseus Verlag.

Garz, D. (2008). *Sozialpsychologische Entwicklungstheorien: Von Mead, Piaget und Kohlberg bis zur Gegenwart* (4. Auflage). Wiesbaden: VS Verlag für Sozialwissenschaften.

Günther, B. (2019). *Resiliente Lehrer – resiliente Schüler.* Hamburg: scolix in der AAP Lehrerwelt GmbH.

Grossmann, P. (2009). Das Üben von Achtsamkeit. In T. Heidenreich & J. Michalak (Hrsg.), *Achtsamkeit und Akzeptanz in der Psychotherapie. Ein Handbuch* (S. 69-102). Tübingen: dgvt Verlag.

Hattie, J. (2020). *Lernen sichtbar machen für Lehrpersonen* (4. unveränderte Auflage). Baltmannsweiler: Schneider Verlag Hohengehren.

Hauch, Dr. med., M. (2017). *Kindheit ist keine Krankheit. Wie wir unsere Kinder mit Tests und Therapien zu Patienten machen* (3. Auflage). Frankfurt: Fischer Taschenbuch.

Heller, J. (2013). *Resilienz* (3. Auflage) München: Gräfe und Unzer Verlag GmbH.

Herpertz-Dahlmann, B., Resch, F., Schulte-Markwort, M. & Warnke, A. (Hrsg.). (2003). *Entwicklungspsychiatrie.* Stuttgart: Schattauer Verlag.

Hintringer, S. (2021). *Der Vagusnerv. Unser innerer Therapeut.* Rottenberg am Nackar: Kopp Verlag.

Hölzel, B. (2015). Mechanismen der Achtsamkeit. Psycho-neurowissenschaftliche Perspektiven. In B. Hölzel, & C. Brähler (Hrsg.), *Achtsamkeit mitten im Leben. Anwendungsgebiete und wissenschaftliche Perspektiven* (S. 43-78). München: Otto Wilhelm Barth Verlag.

Hüther, G. (2010). *Bedienungsanleitung für ein menschliches Gehirn.* Göttingen: Vandenhoeck & Ruprecht.

Jannan, M. (2015). *Das Anti-Mobbing-Buch, Gewalt an der Schule vorbeugen, erkennen, handeln* (4. Edition). Weinheim: Beltz- Verlag.

Kabat-Zinn, J. (2013). *Gesund durch Meditation. Das große Buch der Selbstheilung mit MBSR.* München: Knaur Verlag.

Kabat-Zinn, J. (2008). Zitiert in V. Kaltwasser, *Achtsamkeit in der Schule, Stille-Inseln im Unterricht: Entspannung und Konzentration.* Weinheim: Beltz Verlag.

Kaltwasser, V. (2016). *Praxisbuch Achtsamkeit in der Schule. Selbstregulation und Beziehungsfähigkeit als Basis von Bildung.* Weinheim: Beltz Verlag.

Kramer, S. (2019). *Wache Schule: Mit Achtsamkeit zu Ruhe und Präsenz.* Paderborn: Jungfermann Verlag.

Kubesch, S. (Hrsg.). (2016). *Exekutive Funktionen und Selbstregulation* (2. Edition). Bern: Hogrefe.

Maschke, S. (2011). *Eriksons Entwicklungspsychologie. Lernstationen für den Pädagogikunterricht* (1. Edition). WBV Media.

Nestor, J. (2021). *Breath Atem.* München: Piper Verlag.

Petermann, F. & Vaitl, D. (2014). Entspannungsverfahren – eine Einführung. In F. Petermann, & D. Vaitl (Hrsg.), *Entspannungsverfahren. Das Praxishandbuch.* (S. 19-44). Beltz. Weinheim.

Porges, S. (2021). *Die Polyvagal-Theorie* (4. Auflage). Lichtenau: G. P. Probst Verlag.

Renz-Polster, H. (2009). *Kinder verstehen. Born to be wild: Wie die Evolution unsere Kinder prägt* (9. überarbeitete Auflage). München: Kösel-Verlag.

Rosenberg, M. (2007). *Erziehung, die das Leben bereichert. Gewaltfreie Kommunikation im Schulalltag* (3. Auflage). Parderborn: Junfermannsche Verlagsbuchhandlung.

Singer, W. & Ricard, M. (2018). *Jenseits des Selbst. Dialoge zwischen einem Hirnforscher und einem buddhistischen Mönch.* Berlin: Suhrkamp Verlag.

Walkenhorst, S. (2021). *Yoga für Jugendliche. Stress verringern durch Achtsamkeit und Entspannung.* Aachen: Meyer & Meyer Verlag.

Weiß, E. (2021). *Early Life Stress: Wie frühkindlicher Stress das Gehirn beeinflusst* (1. Auflage). Bremen: Apollon University Press.

Internetseiten

https://www.nap-gesundheitskompetenz.de

https://www.yogaeasy.de/artikel/Die-Geschichte-des-Yoga

https://www.thetoolboxisyou.com/de/der-atem/

https://www.kita.de/wissen/schulstress/

https://www.yumpu.com/de/document/read/10283680/broschure-familie-im-umbruch-kindheit-heute-super-rtl

https://www.praeventionsradar.de/downloads/Ergebnisbericht_SJ2021.pdf

https://de.statista.com/themen/3207/internetnutzung-durch-kinder-und-jugendliche/#dossierKeyfigures

https://www.dak.de/dak/bundesthemen/onlinesucht-studie-2106298.html#/

https://de.statista.com/statistik/daten/studie/1266786/umfrage/digitale-infrastruktur-an-deutschen-schulen/

https://www.digitalpaktschule.de/

https://www.digitalpaktschule.de/de/die-finanzen-im-digitalpakt-schule-1763.html

https://visible-learning.org/wp-content/uploads/2014/08/Rudolf-Meraner-Ueberblich-zur-Hattie-Studie-Visible-Learning.pdf

https://www.dak.de/dak/bundesthemen/pandemie-und-psyche-mehr-antidepressiva-fuer-maedchen-2572042.html#/

https://aok-bw-presse.de/ressorts/lesen/pandemie-belastet-junge-menschen.html

https://www.uke.de/allgemein/presse/pressemitteilungen/detailseite_104081.html

https://www.leopoldina.org/uploads/tx_leopublication/2021_Corona_Kinder_und_Jugendliche.pdf

https://www.aktion-mensch.de/inklusion/bildung

https://www.dasgehirn.info/grundlagen/anatomie/der-frontallappen

https://www.dasgehirn.info/grundlagen/anatomie/die-amygdala

https://gutezitate.com/autor/aaron-antonovsky

https://fedlex.data.admin.ch/filestore/fedlex.data.admin.ch/eli/cc/1948/1015_1002_976/20200706/de/pdf-a/fedlex-data-admin-ch-eli-cc-1948-1015_1002_976-20200706-de-pdf-a.pdf

https://www.kamphausen.media/zitate-gesundheit-sprueche-zum-nachdenken/b-278

https: //atemwunder.de/das-wunder-des-atems/

4 Bildnachweis

Coverfoto:	© Sarah Mehler
Covergestaltung:	Isabella Frangenberg
Innenlayout:	Isabella Frangenberg
Fotos:	© Sarah Mehler
Fotos Wald (S. 136-148):	© Mona Bekteši
Foto Inklusion (S. 54):	© Stefan Gutmann
Mandalas (S. 150-151):	© Mira Maschkow
Satz:	www.satzstudio-hilger.de
Lektorat:	Dr. Irmgard Jaeger

Abonnieren Sie unseren kostenlosen Newsletter unter **www.dersportverlag.de**

WEITERE WERKE

YOGA IM MODERNEN SPORTUNTERRICHT – FERTIGE STUNDENBILDER ZUR EINFACHEN UMSETZUNG

ISBN 978-3-8403-7821-8

€ [D] 24,00/[A] 24,70

YOGA IN DER SCHULE

ISBN 978-3-8403-7697-9

€ [D] 24,00/[A] 24,70

MEYER & MEYER VERLAG

MEYER & MEYER Verlag
Von-Coels-Str. 390
52080 Aachen

Telefon 02 41 - 9 58 10 - 25
Fax 02 41 - 9 58 10 - 10
E-Mail vertrieb@m-m-sports.com
Website www.dersportverlag.de

Abonnieren Sie unseren kostenlosen Newsletter unter **www.dersportverlag.de**

DER AUTORINNEN

YOGA FÜR JUGENDLICHE

ISBN 978-3-8403-7775-4

€ [D] 20,00/[A] 20,60

THAI-KINDERYOGA

ISBN 978-3-9403-7662-7

€ [D] 24,00/[A] 24,70

MEYER & MEYER Verlag
Von-Coels-Str. 390
52080 Aachen

Telefon 02 41 - 9 58 10 - 25
Fax 02 41 - 9 58 10 - 10
E-Mail vertrieb@m-m-sports.com
Website www.dersportverlag.de

MEYER & MEYER VERLAG

Abonnieren Sie unseren kostenlosen Newsletter unter **www.dersportverlag.de**

WEITERE WERKE ZU ACHTSAMKEIT UND YOGA

ISBN 978-3-8403-7820-1
€ [D] 32,00/[A] 32,90

ISBN 978-3-8403-7845-4
€ [D] 22,00/[A] 22,70

ISBN 978-3-8403-7722-8
€ [D] 28,00/[A] 28,80

ISBN 978-3-8403-7812-6
€ [D] 24,00/[A] 24,70

Preisänderungen vorbehalten und Preisangaben ohne Gewähr! Bild oben links © AdobeStock

MEYER & MEYER VERLAG

MEYER & MEYER Verlag
Von-Coels-Str. 390
52080 Aachen

Telefon	02 41 - 9 58 10 - 25
Fax	02 41 - 9 58 10 - 10
E-Mail	vertrieb@m-m-sports.com
Website	www.dersportverlag.de